KLAUSUREN

Politik Oberstufe

BAUER · BEDNARZ · KOCH
PROCHNOW · SCHNAKENBERG

STARK

Inhalt

Vorwort

Hinweise und Tipps

1	Anforderungsbereiche und Operatoren	I
2	Die Materialgrundlage	VII
3	Allgemeine Tipps	XIV
4	Bewertung einer Klausur	XV
5	Checkliste zur Klausurvorbereitung	XVI

Klausuren

Politisches System

Übungsaufgabe 1: Politische Theorie, Partizipation 1
(Karikatur; 45 Min.)

Übungsaufgabe 2: Parteien, Partizipation 7
(Texte; 90 Min.)

Übungsaufgabe 3: Gesetzgebung, Interessengruppen 14
(Karikatur, Statistik; 90 Min.)

Übungsaufgabe 4: Menschenrechte, Grundrechte 22
(Karikatur, Text; 90 Min.)

Gesellschaft

Übungsaufgabe 5: Gesellschaftlicher Wandel, Individualisierung 30
(Karikatur; 60 Min.)

Übungsaufgabe 6: Gesellschaftlicher Wandel, Arbeitswelt 35
(Karikatur; 90 Min.)

Übungsaufgabe 7: Gruppensoziologie 42
(Text; 90 Min.)

Übungsaufgabe 8: Einkommensungleichheit 49
(Schaubild, Text; 90 Min.)

Übungsaufgabe 9: Sozialstaat, Hartz IV 56
(Text; 90 Min.)

Internationale Beziehungen

Übungsaufgabe 10: Die Rolle der Medien in der internationalen Politik 63
(Text, Karikatur; 90 Min.)

Übungsaufgabe 11: Europäische Integration 73
(Text; 90 Min.)

Übungsaufgabe 12: Globalisierung 80
(Schaubild, Karikatur; 90 Min.)

Übungsaufgabe 13: Bundeswehr, Deutsche Außenpolitik 86
(Text; 90 Min.)

Übungsaufgabe 14: Weltordnungsmodelle, Verfassung und Frieden 93
(Text, Schaubild; 120 Min.)

Wirtschaft

Übungsaufgabe 15: Wirtschaftspolitische Zielsetzungen 101
(Karikatur; 45 Min.)

Übungsaufgabe 16: Soziale Marktwirtschaft 107
(Text; 90 Min.)

Übungsaufgabe 17: Nachfrage- und Angebotspolitik 115
(Text, Statistik; 120 Min.)

Übungsaufgabe 18: Konjunkturelle Entwicklung 123
(Schaubilder, Text; 90 Min.)

Autoren:

Jan-Patrick Bauer: ÜA 15–18; Michael Bednarz/Redaktion: ÜA 7–9; Philipp Koch: ÜA 1–4; Stefan Prochnow: ÜA 10–14; Ulrich Schnakenberg: ÜA 5–6, Hinweise und Tipps

Vorwort

Liebe Schülerinnen und Schüler,

dieser Band unterstützt Sie bei der Vorbereitung auf **Klausuren** in der Einführungs- und Qualifikationsphase **der Oberstufe**. Dazu wurden Übungsaufgaben, Lösungsvorschläge und Hinweise von **erfahrenen Fachlehrern** erstellt.

Durch die große inhaltliche Vielfalt der Aufgaben finden Sie umfangreiches Übungsmaterial zu zentralen Inhalten und Methoden aus Fächern wie **Politik, Sozialkunde, Politik-Wirtschaft, Sozialwissenschaften** und **Gemeinschaftskunde**.

Sämtliche Aufgaben im Buch enthalten **vollständige, schülergerechte Lösungsvorschläge**. Den größten Lerneffekt erzielen Sie, wenn Sie zuerst einmal versuchen, die Aufgaben selbstständig zu lösen und erst anschließend Ihre Antwort mit dem Vorschlag im Buch vergleichen. Die Angaben zur Klausurdauer und zur Gewichtung der Teilaufgaben dienen Ihnen dabei zur Orientierung.

Vor den Lösungsvorschlägen zu den Teilaufgaben finden Sie wertvolle ✐ **Hinweise**, die Ihnen bei der Erschließung der einzelnen Arbeitsanweisungen helfen. Im Anschluss an jeden Lösungsvorschlag gibt Ihnen eine **Checkliste** die Möglichkeit, sich noch einmal ganz bewusst zu machen, welche Bewertungskriterien Sie schon gut erfüllen und wo es noch Nachholbedarf gibt.

Im ersten Abschnitt des Buches finden Sie zudem **Hinweise und Tipps** zu den Operatoren und Anforderungsbereichen im Fach Politik und in verwandten Fächern, zur Arbeit mit verschiedenen Materialgrundlagen sowie Formulierungshilfen für Ihre Klausuren.

Verlag und Autoren wünschen Ihnen viel Erfolg bei allen Klausuren!

Hinweise und Tipps

Im Folgenden erhalten Sie zunächst einige allgemeine Hinweise und Tipps, die Ihnen bei Ihrer Vorbereitung auf Klausuren helfen. Dabei wird auf die verschiedenen Anforderungsbereiche, Aufgabenformate und Operatoren sowie die Materialien, denen Sie am häufigsten in Ihren Klausuren begegnen werden (Texte, Statistiken, Karikaturen), eingegangen. Es folgen bewährte Tipps, die Sie bei der Vorbereitung auf Klausuren im Fach Politik ebenso wie auf die Abiturklausur unterstützen, sowie einige Hinweise zur Bewertung von Klausuren durch den Fachlehrer. Ob Sie gut auf die nächste anstehende Klausur vorbereitet sind, können Sie schließlich selbst anhand einer Checkliste überprüfen.

1 Anforderungsbereiche und Operatoren

1.1 Die drei Anforderungsbereiche

In den Klausuren im Fach Politik – wie auch in der Abiturprüfung – erwarten Sie Aufgabenstellungen, die klar definierte Anforderungen sowohl an Ihre Verstehens- als auch an Ihre Darstellungsleistung stellen. Diese Anforderungen und die zugehörigen Arbeitsanweisungen lassen sich den **Anforderungsbereichen I bis III** zuordnen, welche aufeinander aufbauen. Mit jedem Anforderungsbereich steigt die Komplexität der Aufgaben und entsprechend wird von Ihnen eine zunehmende Abstraktionsfähigkeit verlangt.

Jede Klausur setzt sich aus Elementen dieser drei Anforderungsbereiche zusammen, die drei Leistungsstufen entsprechen. Das bedeutet, bei der Bearbeitung der Aufgaben werden von Ihnen grundsätzlich Leistungen auf drei verschiedenen Niveaus verlangt:

Kernkompetenz im AFB I	Kernkompetenz im AFB II	Kernkompetenz im AFB III
vom Wiedergeben →	zum Anwenden →	zum problembezogenen Denken und Urteilen

Im **Anforderungsbereich I (Reproduktion)** sollen Sie
- grundlegendes Fachwissen unter Verwendung der Fachterminologie wiedergeben,
- die Art des Materials bestimmen,
- Informationen aus dem vorliegenden Material entnehmen,
- Arbeitstechniken und Methoden darstellen.

Im **Anforderungsbereich II (Reorganisation und Transfer)** sollen Sie
- kategoriale, strukturelle und zeitliche Zusammenhänge erklären,
- politische, ökonomische und soziologische Sachverhalte sinnvoll verknüpfen,
- unterschiedliche Materialien analysieren,
- Sachverhalte unter Beachtung der sie konstituierenden Bedingungen einordnen,
- Sach- und Werturteile unterscheiden.

Im **Anforderungsbereich III (Reflexion und Problemlösung)** sollen Sie
- politische, ökonomische, soziale Sachverhalte und Probleme der Gesellschaft erörtern,
- eine strukturierte, multiperspektivische und problembewusste Argumentation entfalten,
- Hypothesen zu politologischen, ökonomischen, soziologischen Fragestellungen der Gesellschaft entwickeln,
- Ihre eigene politische Urteilsbildung unter zusätzlicher Beachtung ethischer und normativer Kategorien reflektieren.

Grundsätzlich gilt: Ihre Leistung wird in jedem einzelnen AFB geprüft. Je höher der Anforderungsbereich ist, den Sie methodisch wie inhaltlich erreichen, desto besser wird Ihre Leistung beurteilt und benotet.

1.2 Die Operatoren

Damit Sie erkennen, welche Leistungen Sie aus welchem der drei Anforderungs-bereiche erbringen sollen, werden in den **Aufgabenstellungen** sogenannte **Opera-toren** verwendet. Hierbei handelt es sich um **Verben**, die Ihnen signalisieren, welche gedanklichen Handlungen und Tätigkeiten beim Lösen von Aufgaben erwartet wer-den. Die konkreten Vorgaben dienen sowohl dazu, Arbeitsaufträge eindeutig zu formulieren und voneinander abzugrenzen, als auch einheitliche Bewertungs- und Korrekturmaßstäbe zu setzen. Daher ist es äußerst wichtig, dass Sie sich mit den An-forderungen der einzelnen Operatoren eingehend auseinandersetzen.

Im Folgenden werden die AFB skizziert und im Zusammenhang mit wichtigen Ope-ratoren erläutert. Ein Beispiel – zum größten Teil aus den Übungsaufgaben in diesem Buch, sodass Sie auch die entsprechende Lösung nachschlagen können – veran-schaulicht, wie der Operator konkret eingesetzt werden kann.

Diese Übersicht – sowie die in diesem Band verwendeten Operatoren – orientiert sich an den **Einheitlichen Prüfungsanforderungen für die Abiturprüfung** (EPA). Um ganz sicher zu gehen, welche Operatoren Sie in Ihren Klausuren zu erwarten ha-ben, sollten Sie sich zusätzlich von Ihrem Fachlehrer eine entsprechende Liste geben lassen.

II

Operatoren, die Leistungen im AFB I verlangen (Reproduktion)

AUFZÄHLEN, NENNEN, WIEDERGEBEN, ZUSAMMENFASSEN

Kenntnisse (Fachbegriffe, Daten, Fakten, Modelle) und Aussagen in komprimierter Form unkommentiert darstellen	*Nennen Sie sechs im Grundgesetz ... verankerte Grundrechte. (ÜA 4)*

BENENNEN, BEZEICHNEN

Sachverhalte, Strukturen und Prozesse begrifflich präzise aufführen	*... unter Benennung der jeweils zentralen Indikatoren. (ÜA 15)*

BESCHREIBEN, DARLEGEN, DARSTELLEN

wesentliche Aspekte eines Sachverhaltes im logischen Zusammenhang unter Verwendung der Fachsprache wiedergeben	*Beschreiben ... Sie mithilfe der Abbildung das Konzept der Lorenzkurve. (ÜA 8)*

Operatoren, die Leistungen im AFB II verlangen (Reorganisation und Transfer)

ANALYSIEREN

Materialien oder Sachverhalte kriterienorientiert oder aspektgeleitet erschließen, in systematische Zusammenhänge einordnen und Hintergründe und Beziehungen herausarbeiten	*Analysieren Sie kurz eine Ihnen bekannte Demokratietheorie. (ÜA 1)*

AUSWERTEN

Daten oder Einzelergebnisse zu einer abschließenden Gesamtaussage zusammenführen	*Werten Sie die Diagramme aus und erläutern Sie sie im volkswirtschaftlichen Zusammenhang.*

CHARAKTERISIEREN

Sachverhalte in ihren Eigenarten beschreiben und diese dann unter einem bestimmten Gesichtspunkt zusammenführen	*Charakterisieren Sie die konjunkturelle Entwicklung im Jahr 2017.*

EINORDNEN

eine Position zuordnen oder einen Sachverhalt in einen Zusammenhang stellen	*Ordnen Sie die Karikatur in den aktuellen politischen Kontext ein. (ÜA 1)*

III

ERKLÄREN

Sachverhalte durch Wissen und Einsicht in einen Zusammenhang (Theorie, Modell, Regel, Gesetz, Funktionszusammenhang) einordnen und deuten	*Erklären Sie das Konzept der freien Marktwirtschaft. (ÜA 16)*

ERLÄUTERN

wie erklären, aber durch zusätzliche Informationen und Beispiele verdeutlichen	*Erläutern Sie die Aufgaben und die Bedeutung der Medien … (ÜA 10)*

HERAUSARBEITEN, ERMITTELN, ERSCHLIEßEN

aus Materialien bestimmte Sachverhalte herausfinden, auch wenn sie nicht explizit genannt werden, und Zusammenhänge zwischen ihnen herstellen	*Arbeiten Sie die wesentlichen Aspekte des Falls Daschner … aus dem Text heraus. (ÜA 4)*

INTERPRETIEREN

Sinnzusammenhänge aus Materialien erschließen	*Interpretieren Sie die Karikatur. (ÜA 12)*

VERGLEICHEN

Sachverhalte gegenüberstellen, um Gemeinsamkeiten, Ähnlichkeiten und Unterschiede herauszufinden	*Vergleichen Sie die Auffassung Hermann Mays mit einer gegenläufigen Gerechtigkeitsvorstellung. (ÜA 9)*

WIDERLEGEN

Argumente anführen, dass Daten, eine Behauptung, ein Konzept oder eine Position nicht haltbar sind	*… Widerlegen Sie dabei die Behauptung, Globalisierung sei ein rein wirtschaftliches Phänomen. (ÜA 12)*

IV

Operatoren, die Leistungen im AFB III verlangen (Reflexion und Problemlösung)

BEGRÜNDEN

zu einem Sachverhalt komplexe Grundgedanken unter dem Aspekt der Kausalität argumentativ und schlüssig entwickeln	*Begründen Sie den Wandel in der Arbeitswelt vor dem Hintergrund der Daten in M 2.*

BEURTEILEN

den Stellenwert von Sachverhalten oder Prozessen in einem Zusammenhang bestimmen, um kriterienorientiert zu einem begründeten Sachurteil zu gelangen	*Beurteilen Sie Helmut Schmidts Stellungnahme (M 2) zu der Festsetzung des Wahlalters. (ÜA 2)*

BEWERTEN, STELLUNG NEHMEN

wie beurteilen, aber zusätzlich mit Reflexion individueller und politischer Wertmaßstäbe, die Pluralität gewährleisten und zu einem begründeten eigenen Werturteil führen	*Nehmen Sie Stellung zu der Frage, ob sich die Bundeswehr aus internationalen Militärinterventionen heraushalten soll. (ÜA 13)*

ENTWERFEN

ein Konzept in seinen wesentlichen Zügen erstellen	*Entwerfen Sie ein Lösungskonzept ... zum Problem der Einkommensungleichheit in Deutschland. (ÜA 8)*

ENTWICKELN

zu einem Sachverhalt oder zu einer Problemstellung ein konkretes Lösungsmodell, eine Gegenposition, ein Lösungskonzept oder einen Regelentwurf begründet skizzieren	*Entwickeln Sie mögliche staatliche Maßnahmen zum Umgang mit dieser Gefahr unter Bezug auf die konjunkturelle Entwicklung im Jahr 2017 (ÜA 18)*

ERÖRTERN

zu einer vorgegebenen Problemstellung eine reflektierte, kontroverse Auseinandersetzung führen und zu einer abschließenden, begründeten Bewertung gelangen	*Erörtern Sie, ob es in Deutschland auf Bundesebene die Möglichkeit von Volksentscheiden geben sollte. (ÜA 1)*

GESTALTEN

Produktionsorientierte Bearbeitung von Aufgabenstellungen. Dazu zählen unter anderem das Entwerfen von eigenen Reden, Strategien, Beratungsskizzen, Karikaturen, Szenarien, Spots und von anderen medialen Produkten sowie das Entwickeln von eigenen Handlungsvorschlägen und Modellen.

Gestalten Sie für eine ... Tageszeitung einen Kommentar zur Entscheidung des Berliner Sozialgerichts. (ÜA 9)

PROBLEMATISIEREN

Widersprüche herausarbeiten, Positionen oder Theorien begründet hinterfragen

Problematisieren Sie die Position des Autors.

PRÜFEN, ÜBERPRÜFEN

Inhalte, Sachverhalte, Vermutungen oder Hypothesen auf der Grundlage eigener Kenntnisse oder mithilfe zusätzlicher Materialien auf ihre sachliche Richtigkeit bzw. auf ihre innere Logik hin untersuchen

Überprüfen Sie die Aussage des Karikaturisten in Bezug auf die aktuelle Arbeitsmarktsituation in Deutschland. (ÜA 6)

SICH AUSEINANDERSETZEN, DISKUTIEREN

zu einem Sachverhalt, zu einem Konzept, zu einer Problemstellung oder zu einer These etc. eine Argumentation entwickeln, die zu einer begründeten Bewertung führt

Setzen Sie sich mit den Forderungen Thielemanns begründet auseinander. (ÜA 16)

Bearbeitungshinweis

Halten Sie die Stufenfolge ein (vgl. dazu auch S. VII zur Materialbearbeitung nach Anforderungsbereichen)! Die **Formulierung einer Stellungnahme** (Operator AFB III) setzt bei Ihrer Lösung voraus, dass Sie

- zunächst Ihren Kenntnissen aus dem Unterricht und/oder Materialien detailliertes Wissen entnehmen (AFB I). Arbeitsergebnisse aus dem AFB I sind in Ihrer Klausur stets direkt oder indirekt die sachliche Grundlage Ihrer Lösungen.

- Diese Informationen wenden Sie ergebnisorientiert an, setzen sie zueinander in Beziehung und stellen Sachzusammenhänge her (AFB II).

- Die Auswirkungen erkannter Sachverhalte bewerten Sie aus fachlicher Sicht als positiv und/oder negativ. Wird in der Aufgabenstellung der Operator „bewerten" oder „Stellung nehmen" genannt, so müssen Sie zusätzlich eigene Wertmaßstäbe oder politische Überzeugungen einbeziehen.

- Ihre persönliche Position, problembezogenes Denken und Urteilen (AFB III) muss sachlich begründet sein (AFB I und AFB II).

2 Die Materialgrundlage

Üblicherweise liegen einer sozialwissenschaftlichen Klausur Texte, Statistiken und Karikaturen zugrunde. Im Folgenden erhalten Sie Hinweise zum Umgang mit diesen Materialien und zu einer gelungenen Analyse.

2.1 Texte

Besonders häufig verwendet werden journalistische Texte, insbesondere journalistische Meinungsbeiträge (Kommentare, Rezensionen, Leserbriefe). Aber auch eine Reportage, ein Interview, eine Nachricht, ein Gesetzestext, ein Auszug aus einem Sachbuch, einem Roman, einer Biographie o. Ä. kann als Grundlage einer Klausur im Fach Politik dienen.

Erster Arbeitsschritt: Text erschließen

Beim ersten Lesen oder direkt danach können die Reaktionen, Assoziationen und spontanen Gedanken zum Text stichpunktartig notiert werden, z. B. in Form einer Mindmap.

In Verbindung mit mehrfachen Lese-Durchgängen, die unerlässlich sind, kann der **Text optisch aufbereitet** werden:

- **unverstandene Fremdwörter**, Fachbegriffe, Sachverhalte, die das Verstehen (zunächst) behindern, kennzeichnen, z. B. durch gestricheltes Unterstreichen,

- **zentrale Begriffe und Leitwörter**, von denen ausgehend sich der Sinn und geistige Zusammenhang des Textes aufschlüsseln lässt, durch Umrahmung, Einkreisung und verschiedene Arten des Unterstreichens (z. B. einfach, doppelt, farblich) markieren,

- **Kerninformationen** und semantische Einheiten hervorheben und die Art ihrer inhaltlichen und formalen Beziehung (Verbindung, Gegensätzlichkeit usw.) durch Linien, Pfeile o. Ä. im Text oder am Blattrand notieren.

- Die Arbeit wird erleichtert durch sinnvolle Techniken der **Textbearbeitung:**
  - Unter- und Überstreichungen (sehr sparsam verwenden, möglicherweise erst beim zweiten Lesen)
  - Einkreisen von Schlüsselbegriffen und/oder Kernstellen
  - Verknüpfung von Begriffen und Stellen durch Linien im Text (z. B. durch einen Doppelpfeil, um einen Gegensatz zu markieren)
  - Visualisierung der Textaussage: Arbeiten mit farbigen Textmarkern; Gegenüberstellung in tabellarischer Form (z. B. Pro-/Kontra-Argumente); Flussschema (z. B. bei Entwicklungsverläufen, bei logischen Schlussfolgerungen); Umsetzung von Informationen in eine Kartenskizze (z. B. bei geopolitischen Fragen durch eine Faustskizze); chronologische Abfolge (z. B. Datenabfolge)
  - Randmarkierungen: Zwischenüberschriften, optische Markierung wichtiger Stellen durch Symbole oder Abkürzungen wie

Zeichen/Abk.	Bedeutung
/	wichtig
//	sehr wichtig
!	erstaunlich
?	fragwürdig
+	positiv; gut
−	negativ; schlecht
*	Erläuterung
Hyp	Hypothese
Q	Quelle
T/Th	These
B/Bsp	Beispiel
Arg	Argument
Z	Zitat
Def	Definition
Beg	Begriff
Log?	Logik?
W	Widerspruch
An/Ad	Anrede/Adressat
vgl. oben/unten/Z. xx	vergleiche oben/unten/Zeile xx
⌐	Absatz

Zweiter Arbeitsschritt: Grobgliederung anfertigen

Mithilfe der Randbemerkungen, Markierungen und weiteren Notizen sollten Sie vor
dem eigentlichen Schreiben eine stichwortartige Gliederung anfertigen. Dabei geht
es vor allem darum,

- die Hauptaussagen des Autors zu identifizieren,
- Schwachstellen und Stärken in seiner Argumentation herauszustellen,
- die Intention des Autors festzustellen,
- eigene Gedanken, Beispiele, Gegenargumente etc. zu notieren, um sich abschließend begründet mit der Position des Autors auseinandersetzen zu können.

Bei der eigentlichen Niederschrift sollten Sie folgende Punkte im Hinterkopf haben:

Operatoren aus AFB I — Entnahme und Wiedergabe von Informationen

Wiedergeben
- Was? — Art des Materials, Titel
- Wer? — Autor
- Wo? — Erscheinungsort
- Wann? — Erscheinungsdatum / Anlass des Erscheinens
- Warum? — Absicht des Autors bzw. Intention des Materials?
  - (aktueller) gesellschaftlicher Zusammenhang
  - Adressat(en)

sachliche Beschreibung/Inhaltsangabe unter Verwendung von Fachsprache

---

„Scharnierfrage":
Wie versucht der Autor eine beabsichtigte Wirkung zu erreichen?

Operatoren aus AFB II — gezielte Zergliederung des Sinnzusammenhangs des Materials nach

Anwenden
- äußerem Aufbau
- Daten/Hauptaussagen/Argumentationsschritten
- Mitteln der visuellen Darbietung/der sprachlichen Gestaltung
- der (un-)ausgesprochenen politischen Position des Autors

Hier endet eine sozialwissenschaftliche „Analyse"!

Verzichten Sie bei einer sozialwissenschaftlichen Textanalyse (AFB II) auf eine persönliche Stellungnahme.

Operatoren aus AFB III — Ergebnisse der gezielten Zergliederung des Materials objektiv und selbstständig in vorgegebener Weise verwerten

Problemlösendes Denken und Urteilen

1. Aufbau-, Aussage- und Gestaltungsaspekte des Materials
   - kritisch hinterfragen
   - einander gegenüberstellen
2. subjektive Bewertung objektiv erschlossener Sachverhalte/politischer Aussagen bzw. Positionen
3. persönliche Stellungnahme

Schließlich hat sich eine Reihe von Satzmustern besonders bewährt, die so oder so ähnlich in fast allen Klausuren verwendet werden können:

Einleitung, Angaben zur Quelle
Bei dem Artikel „ ...“ handelt es sich um einen Kommentar, der am ... in ... erschienen ist. Der Autor ... befasst sich darin mit der Frage/setzt sich darin mit dem Problem/Vorwurf ... auseinander ...

Position des Autors XY
Hilfsfrage: Welcher wirtschaftspolitischen Konzeption (z. B. Angebots-/Nachfrageorientierung; Wachstumsoptimist/Wachstumspessimist), welcher außenpolitischen Schule (Idealismus/Realismus), welcher soziologischen oder politischen Denkrichtung lässt sich der Autor zuordnen?
• XY gibt sich als Anhänger einer ... Wirtschaftspolitik zu erkennen.
• XYs Ausführungen lassen darauf schließen, dass er eine ... Wirtschaftpolitik befürwortet.
• Bei dem Autor handelt es sich offensichtlich um einen entschiedenen Befürworter/ Kritiker der ...
• XY warnt/plädiert für/fordert/verlangt/zeigt, dass ...

Begründung seiner Position
Hilfsfrage: Wie (auf welche Art und Weise) argumentiert der Autor? (Auseinandersetzung mit Positionen der Gegenseite/Stärkung der eigenen Position; Heranziehung von (wenig) überzeugenden Beispielen, Daten/Zahlen etc.)
• Nach Meinung/Ansicht des Verfassers ...
• Der Argumentation des Autors zufolge ...
• Der Autor zeigt sich skeptisch hinsichtlich ...
• Der Autor begründet diese Meinung mit ...
• XY widerspricht der Ansicht, ...
• Der Autor verweist zur Stärkung seiner Position auf ... (Beispiele/Daten etc.). So erwähnt er ...
• XY argumentiert entschieden gegen die Vorstellung, dass ....
• Die Behauptung, ... sei ..., wird von XY kategorisch zurückgewiesen.
• Die Position des Autors zeigt sich vor allem in seiner These, ... sei ... (vgl. Z. 12 f.).
• Der Autor befürwortet/erläutert/stellt heraus/fordert/verlangt/...
• Der Autor bemängelt/kritisiert/verurteilt/wirft ... vor/...

Auseinandersetzung mit der Position des Autors
Hilfsfrage: Wie überzeugend sind die Argumente/die Thesen des Autors? Ist sein Urteil nachvollziehbar/begründet sowie ethisch-moralisch vertretbar?
• Die Position des Autors, ..., muss entschieden zurückgewiesen werden.
• Der Position des Autors, ..., ist zuzustimmen.
• Sein Urteil, ..., ist (nicht) nachvollziehbar/bedenklich/verständlich.

X

- Kritikwürdig ist dagegen/darüber hinaus/ferner seine Behauptung/das von ihm herangezogene Beispiel, ...
- Die Argumentation/Schlussfolgerung/Forderung des Autors ist (wenig) überzeugend/(nicht) einleuchtend/hat ihre Schwächen.

Jede dieser Formulierungen müssen Sie durch Gründe/Argumente/Beispiele ergänzen, die Ihre Aussage stützen.

Nützliche Verben

Um die Thesen eines Autors wiederzugeben, zu analysieren und zu bewerten sowie abschließend die eigene Position darzulegen, erweisen sich einige Verben als besonders nützlich:

- feststellen, beschreiben, konstatieren, erkennen, betonen, darlegen, einräumen, erklären, zusammenfassen
- ablehnen, zurückweisen, entgegnen, angreifen, einschränken, infrage stellen, verurteilen, kritisieren, einwenden
- zur Diskussion stellen, es offen lassen, problematisieren, folgern, urteilen
- fordern, verlangen, plädieren, befürworten, es für richtig halten

➡ ÜBUNGSMÖGLICHKEIT:

Übungsaufgabe 2, Teilaufgabe 1 (S. 7):
Mit dieser Aufgabe üben Sie die aspektgeleitete **Zusammenfassung eines Kommentars** anhand eines leicht zugänglichen Zeitungsartikels (Stefan Hupka: Parteifinanzen. Die gerechte Strafe).

Schwierigkeitsgrad: leicht

Zeitrahmen: ca. 15 Min.

Übungsaufgabe 14, Teilaufgabe 1 (S. 93):
Mit dieser Aufgabe üben Sie die kriterienorientierte **Interpretation eines politischen Textes** anhand einer anspruchsvollen historischen Abhandlung (Immanuel Kant: Zum ewigen Frieden).

Schwierigkeitsgrad: schwer

Zeitrahmen: ca. 35 Min.

2.2 Statistiken

Erster Analyseschritt: Formalia, Darstellung

1. Welches sind Thema/Erhebungsgegenstand und Zweck der Statistik? (Überschrift, Begleittext)
2. Was ist der Erhebungs(zeit)raum? (Momentaufnahme, Entwicklung, Prognose)
3. Wie und durch wen wurden die Werte ermittelt?
4. Wer hat die Statistik verfasst/verfassen lassen?
5. Auf welchen Quellen beruht die Statistik?

6. Welche Darstellungsform wurde gewählt? (Tabelle, Kurven-/Linien-, Säulen-/ Balken-, Kreis-, Flächen-, Block- oder Figuren-Diagramm)

7. Was sind die Bezugsgrößen: Zahlenarten (absolute Zahlen, Prozent-/Indexzahlen), Zahlenwerte (gerundet, geschätzt, vorläufig), Maßeinheiten und Intervalle?

8. Welche Kategorien werden zueinander in Beziehung gesetzt? (z. B. bei Tabellen in Kopfzeile, Spalten und Vorspalten)

9. Wie ist die grafische Gestaltung: Symbole, Farben, (Hintergrund-)Bilder?

Zweiter Analyseschritt: Inhalt

1. Welche Hauptaussagen lassen sich formulieren? (Trends, Tendenzen)

2. Welche Teilaussagen in Bezug auf Einzelaspekte lassen sich machen? (Minima, Maxima, Zunahme, Abnahme, Stagnation, Zahlensprünge, Anomalien, Gleichmäßigkeiten und regelhafte Verläufe, unterschiedliche Phasen, Wechselbeziehungen zwischen verschiedenen Variablen/Merkmalen ...)

Allgemein sollten Sie darauf achten, dass es nicht ausreicht, die Daten in Textform wiederzugeben: Das Signifikante muss herausgearbeitet werden. Bitte achten Sie auch darauf, dass Sie Entwicklungen bei Prozentangaben in der Regel als Änderung in Prozentpunkten angeben müssen.

Dritter Analyseschritt: Aussageabsicht, Kritik

1. Welche Antwort gibt die Statistik auf die Fragestellung? Zu welchen Teilbereichen lassen sich keine Aussagen treffen?

2. Welche Aussagen, Empfehlungen oder Handlungen werden durch die Statistik nahegelegt?

3. Welche neuen Fragen werfen die Informationen der Statistik auf?

4. Was sind mögliche Ursachen für die der Statistik entnommenen Sachverhalte?

5. Beurteilung der Aussagekraft der Statistik:
   - Sind die Daten repräsentativ und korrekt?
   - Ist die Darstellungsform angemessen?
   - Gibt es Unklarheiten in Bezug auf die Daten, Bezugsgrößen, Quellen ...?
   - Fehlen Informationen in der Statistik?
   - Besteht Verdacht auf Interessengebundenheit/Manipulation? (Datenauswahl, Auftraggeber, grafische Darstellung ...)?

➡ ÜBUNGSMÖGLICHKEIT:

Übungsaufgabe 12, Teilaufgabe 1 (S. 80):

Mit dieser Aufgabe üben Sie die **Beschreibung eines Diagramms** anhand eines Schaubilds mit zwei Graphen (WTO: Entwicklung des grenzüberschreitenden Warenhandels, in konstanten Preisen).

Schwierigkeitsgrad: leicht bis mittel

Zeitrahmen: ca. 30 Min.

Übungsaufgabe 17, Teilaufgabe 3 (S. 115):

Mit dieser Aufgabe üben Sie die aspektgeleitete **Auswertung einer wirtschaftlichen Statistik** anhand einer nicht allzu umfangreichen Tabelle (Ausgewählte Konjunkturdaten Griechenlands).

Schwierigkeitsgrad: leicht bis mittel

Zeitrahmen: ca. 30 Min.

2.3 Karikaturen

Erster Analyseschritt: Formalia, Darstellung

1. Wer hat die Karikatur gezeichnet?
2. Was ist der Titel der Karikatur?
3. Wann und wo wurde die Karikatur veröffentlicht?
4. Benennung aller Einzelheiten (Gegenstände, Personen, Typen)
5. Welche Gestaltungsmittel (Komposition, Symbole, Techniken, Perspektive) wurden eingesetzt?

Zweiter Analyseschritt: Inhalt, Aussageabsicht

1. Was sind Thema und Inhalt der Karikatur?
2. In welchen politischen Kontext ist die Karikatur einzuordnen?
3. Wie sind die vom Zeichner gewählten Gestaltungsmittel zu interpretieren?
4. Wie lässt sich die Bildaussage zusammenfassen?
5. Was ist die Intention des Karikaturisten?

Dritter Analyseschritt: Kritik

1. Wie ist die Wirkung der Karikatur auf den Betrachter einzuschätzen/zu bewerten?
2. Beurteilung/Bewertung der Karikatur

➡ ÜBUNGSMÖGLICHKEIT:

Übungsaufgabe 4, Teilaufgabe 2 (S. 22):
Mit dieser Aufgabe üben Sie die **Beschreibung einer Karikatur** anhand einer nicht allzu komplexen Darstellung (Kostas Koufogiorgos: Merkel in China)

Schwierigkeitsgrad: leicht

Zeitrahmen: ca. 10 Min.

Übungsaufgabe 15, Teilaufgabe 1 (S. 101):
Mit dieser Aufgabe üben Sie die **Beschreibung und Analyse einer Karikatur** anhand einer u. U. nicht auf den ersten Blick zu deutenden Zeichnung (Gerhard Mester: „Umweltzerstörung! – Wirtschaftswachstum!")

Schwierigkeitsgrad: mittel bis schwer

Zeitrahmen: ca. 15 Min.

3 Allgemeine Tipps

Wenn Sie nun auch noch die folgenden, allgemeinen Tipps beherzigen, sollte einer gelungenen Klausur nichts mehr im Wege stehen.

• Lesen Sie sich die Aufgabenstellung mehrmals gründlich und in Ruhe durch.

• Achten Sie auf Signale und implizite Hilfen in der Aufgabenstellung. Die verwendeten Operatoren sollten Ihnen klare Signale geben, wie Sie im Folgenden vorzugehen haben.

• Fangen Sie nicht sofort an zu schreiben, sondern fertigen Sie sich ein Konzept für Ihre Ausarbeitung an. Notieren Sie sich dazu Ideen und Aspekte in Stichworten. Ein solches Konzept kann den Charakter einer Gliederung für Ihre Klausur haben.

• Versehen Sie Zitate mit Anführungszeichen und Zeilenverweisen und achten Sie darauf, die zitierte Passage grammatikalisch korrekt in den von Ihnen formulierten Satz einzufügen.

• Nutzen Sie den gegebenen Zeitrahmen voll aus. Geben Sie nicht früher ab, sondern lesen Sie Ihre Klausur noch einmal und möglichst in Ruhe durch. Achten Sie hierbei nicht zuletzt auf die sprachliche Gestaltung.

• Fragen Sie sich immer, ob ein „fremder" Leser Ihrem Gedankengang problemlos folgen kann. Achten Sie besonders auf Übergänge und Verknüpfungen.

• Fügen Sie Ergänzungen so ein, dass eine zweifelsfreie Zuordnung gewährleistet ist. Nutzen Sie hierzu etwa den unteren Rand der jeweiligen Seite Ihrer Klausur oder setzen Sie längere Ergänzungen ans Ende der Klausur.

• Lassen Sie am Ende eines Lösungsteils den Rest der Seite frei, um hier ggf. später Ergänzungen einzufügen.

• Nehmen Sie eventuelle Streichungen in sauberer Form vor (Lineal benutzen).

4 Bewertung einer Klausur

Jeder Lehrer hat bei der Bewertung einer Klausur einen gewissen Ermessensspielraum. Es kann durchaus vorkommen, dass zwei Lehrer ein und dieselbe Klausur unterschiedlich bewerten. Nichtsdestotrotz gibt es eine Reihe von objektiven Kriterien, die eine gute von einer schlechten Klausur unterscheiden helfen.

Merkmale guter und schwächerer Klausuren

++	– –
• klare, sinnvoll strukturierte Gliederung der Textwiedergabe und der eigenen Argumentation (u. a.: Sinnabschnitte durch Absätze deutlich gemacht)	• Aufgabenstellung nicht verstanden / verfehlt
• umfangreiches Fachwissen	• Ausgangstext nicht verstanden
• überzeugende Interpretation des Materials (auch von Implizitem)	• unstrukturierte Textwiedergabe („Nacherzählung" ohne Schwerpunktsetzung)
• nachvollziehbare Textkritik (durch Zeilenangaben belegt)	• fehlendes Fachwissen, Zusammenhänge nicht erkannt
• überzeugende, kohärente Argumentation (u. a. durch Beispiele und plausible, nachvollziehbare Argumente verdeutlicht)	• Argumentation unklar, nicht / schwer nachvollziehbar
• differenzierte Argumentation (abwägend, multiperspektivisch)	• fehlende Struktur, undifferenzierte / unscharfe / unpräzise Argumentation
• sprachlich klar (pointiert, elegant)	• sprachlich schwach, mangelnde äußere Form
• sichere Verwendung von Fachbegriffen	• unsichere / falsche Verwendung von Fachbegriffen
	• Urteil nicht / wenig überzeugend

Im Allgemeinen setzt die Vergabe der Note „gut" voraus, dass die Bearbeitung insgesamt argumentativ schlüssig, widerspruchsfrei und sprachlich überzeugend unter sicherer Verwendung der Fachsprache ausgearbeitet ist.

Die Vergabe der Note „ausreichend" setzt voraus, dass die Bearbeitung insgesamt geordnet, sprachlich korrekt und verständlich ist.

	Ja	Teil-weise	Nein	Weiß nicht
PERSÖNLICHE KLAUSURVORBEREITUNG, KLAUSURBEARBEITUNG				
Ich habe mich mit meiner letzten Politik-Klausur befasst und weiß nun, worauf ich besonders zu achten habe.	☐	☐	☐	☐
Mir sind die drei Anforderungsbereiche vertraut.	☐	☐	☐	☐
Mir sind die wichtigsten Operatoren vertraut.	☐	☐	☐	☐
Ich kann fremde Positionen im Konjunktiv wiedergeben.	☐	☐	☐	☐
Ich bleibe sachlich und halte „emotionalen Abstand" zum Inhaltlichen.	☐	☐	☐	☐
Ich beherrsche wichtige Satzbaumuster und wende diese an.	☐	☐	☐	☐
Ich kann sprachlich prägnant formulieren.	☐	☐	☐	☐
Ich schreibe sauber und leserlich, lasse ausreichend Rand und nummeriere die Seiten durch.	☐	☐	☐	☐
Ich setze vor jedem neuen Sinnabschnitt einen Absatz.	☐	☐	☐	☐
Ich kann meinen eigenen Text anhand von Stichworten und Gliederungspunkten sinnvoll vorstrukturieren.	☐	☐	☐	☐
Ich bearbeite die Aufgaben nach Möglichkeit in der vorgesehenen Reihenfolge.	☐	☐	☐	☐
Ich kann mir die Zeit so einteilen, dass ich zum Ende ausreichend Zeit für das Korrekturlesen übrig habe.	☐	☐	☐	☐
FACHINHALTE				
Ich bin inhaltlich gut vorbereitet.	☐	☐	☐	☐
Ich habe eine Liste möglicher Unterthemen zum Klausurthema erstellt.	☐	☐	☐	☐
Ich kenne die wichtigsten Positionen zu der voraussichtlich in der Klausur behandelten Thematik.	☐	☐	☐	☐
Ich kann die zugehörigen Fachbegriffe sicher anwenden.	☐	☐	☐	☐
Ich kann Theorien, Modelle und fremde Positionen angemessen und objektiv zusammenfassen.	☐	☐	☐	☐
URTEILSBILDUNG				
Ich kann fremde Aussagen kritisch hinterfragen.	☐	☐	☐	☐
Ich kann ein begründetes eigenes Urteil fassen.	☐	☐	☐	☐
Ich kann zur Begründung meines Urteils stichhaltige Argumente vorbringen.	☐	☐	☐	☐

Thema: *Politische Theorie, Partizipation*
Dauer: *45 Minuten*

Aufgabenstellung

1. Beschreiben Sie die Karikatur.

2. Ordnen Sie die Karikatur in den aktuellen politischen Kontext ein.

3. Analysieren Sie kurz eine Ihnen bekannte Demokratietheorie (z. B. von Rousseau, Burke oder Fraenkel). Gehen Sie dabei auf deren Vor- und Nachteile ein.

4. Erörtern Sie, ob es in Deutschland auf Bundesebene die Möglichkeit von Volksentscheiden geben sollte. Nennen Sie auch dafür besonders (un)geeignete Themen.

M: Der mündige Bürger lebe hoch!

Heiko Sakurai, 8. 6. 2002, http://www.sakurai-cartoons.de/ images/g_plebiszit.gif

Gewichtung der Teilaufgaben: 10 % : 25 % : 30 % : 35 %

Lösungsvorschläge

1. *Am Beginn einer Bild- bzw. Karikaturenbeschreibung steht ein sogenannter Basissatz, der alle wesentlichen Informationen zu Zeichner, Titel, Erscheinungsdatum und Ort der Veröffentlichung zusammenfasst. Im Anschluss ist das Bild bzw. die Karikatur systematisch unter Berücksichtigung von Details zu beschreiben. Dabei sollten Sie geordnet und strukturiert vorgehen, sodass ein Leser, der das Material nicht vorliegen hat, den Bildaufbau trotzdem nachvollziehen kann.*

Die am 8. 6. 2002 im Internet veröffentlichte **Karikatur** „Der mündige Bürger lebe hoch!" von Heiko Sakurai zeigt in der Bildmitte einen erwachsenen Mann mit einer Schlafmütze auf dem Kopf und einem Schnuller im Mund. | Quellenangabe, Kurzbeschreibung

Der Mann ist sehr kräftig gebaut, hat aber unnatürlich kleine Füße und dünne Unterschenkel. Die Mütze ist mit einer Deutschlandflagge bestickt. Der Mann sitzt in einem Hochstuhl und befindet sich offensichtlich in einem Kinderzimmer: Auf dem Fußboden liegen ein Teddybär, ein Ball und ein Spielzeugauto mit Gerhard Schröder am Steuer. Links an der Wand hängt ein gerahmter Spruch („Volksentscheide, Schere, Licht sind für kleine Kinder NICHT! Deine Union"), rechts hängen eine Mond- und eine Sternspieluhr sowie ein Krümelmonsterplakat. | detaillierte Beschreibung

2. *Der Operator „einordnen" verlangt hier von Ihnen, die Karikatur in den aktuellen politischen Kontext zu stellen. Statt des im vorliegenden Lösungsvorschlag gewählten Schwerpunkts wäre natürlich auch eine Fokussierung auf andere Ereignisse denkbar.*

Hintergrund für die Karikatur ist die Tatsache, dass in Deutschland **Volksentscheide auf Bundesebene** nicht vorgesehen sind. Die Kritik des Karikaturisten (und von Teilen der Bevölkerung) an der **Unmündigkeit** des Bürgers, der auf Bundesebene nur alle vier Jahre in Wahlen seine Stimme abgeben kann, wird durch die Darstellung des deutschen Michels als Kleinkind mit Hochstuhl und Babyspielzeug deutlich. Diese Unmündigkeit wird auch durch weitere Details ausgedrückt: Der Hochstuhl und die kaum funktionsfähig erscheinenden Füße hindern am Gehen, der Schnuller am Sprechen. Das Plakat belehrt den Mann in Anlehnung an einen Kindervers über die angeblichen Gefahren von Volksentscheiden und zeigt damit, genau wie mit der Anrede in der Du-Form, erneut seine Unmündigkeit. Mit dem Verfasser „Deine Union" ist die **CDU/CSU** gemeint, die Volksentscheiden auf Bundesebene besonders kritisch gegenübersteht und in der 2017 abgelaufenen Legislaturperiode entsprechende Vorstöße von Seiten der SPD abgelehnt hat. Der | Karikaturaussage / Deutung einzelner Bildelemente

Karikaturist artikuliert eine von Teilen der Bevölkerung geäußerte Haltung zu dem Thema:
Es gibt immer wieder Gruppierungen, die den Eindruck haben, Entscheidungen würden über ihre Köpfe hinweg getroffen. Häufig führt dies dazu, dass die Positionen besonders vehement vorgetragen werden. Als Geburtsstunde der „**Wutbürger**" ist u. a. das umstrittene Bahnprojekt Stuttgart 21 zu nennen, aktuellere Beispiele sind die sogenannten „Montagsdemonstrationen" von Pegida und anderen Gruppierungen im Zusammenhang mit der Furcht vor Zuwanderung und der Flüchtlingskrise.

politischer Kontext

3. *Der Operator „analysieren" verlangt, einen Sachverhalt, hier eine Theorie, systematisch und logisch zu erklären sowie aspektgeleitet, im Falle dieser Aufgabe hinsichtlich der Vor- und Nachteile, zu untersuchen. In der nachstehenden Musterlösung wird das am Beispiel der Theorie Fraenkels beispielhaft gezeigt. Die Grundstruktur der Lösung wäre bei den anderen beiden Theoretikern aber ähnlich: Neben dem historischen Kontext sind der Kern der Theorie (Wie funktioniert die Demokratie?) sowie deren Vor- und Nachteile strukturiert auszuführen.*

Die politische Theorie von Ernst Fraenkel ist stark geprägt von seinen **persönlichen Erfahrungen** mit dem NS-Regime des Dritten Reiches. So wurde er wegen seines jüdischen Glaubens in der Berufsausübung behindert und entzog sich 1938 der drohenden Verhaftung durch eine Flucht nach London, von wo er in die USA emigrierte. 1951 kehrte er nach längerem Zögern nach Deutschland zurück.

biografischer Hintergrund

Um zu verhindern, dass neue totalitäre Regime entstehen, sprach sich Fraenkel für eine **pluralistische Demokratie** aus. **Macht** soll also nicht auf ein Zentrum konzentriert sein, sondern auf verschiedene gesellschaftliche Gruppen verteilt werden. Entsprechend Fraenkels Vorstellung handeln die Mitglieder der Gesellschaft, also die Bürger, welche sich in Interessengruppen zusammenschließen können, die politischen Entscheidungen aus. Dabei ist – anders als bei den Theoretikern des 18. und 19. Jahrhunderts – das **Allgemeinwohl** keine normative, von vornherein festgelegte Größe, sondern Gegenstand der Verhandlungen. Grundvoraussetzung für diese **Aushandlungsprozesse** sind bestimmte **Regeln** wie demokratisches Fair Play (beispielsweise die Unterwerfung der Minderheitenmeinung unter den Mehrheitsbeschluss, aber auch Minderheitenschutz), Verfahrensvorschriften (Wahlrecht, Abstimmungsregeln etc.) und gemeinsame Werte.

Demokratietheorie

Hier ist auch die Schwäche von Fraenkels Theorie auszumachen: Er setzt voraus, dass „über ein Minimum fundamentaler

Nachteil der Theorie

3

[...] [und] über zahlreiche detaillierte Fragen der Wirtschaft, Gesellschaft und Politik eine weitgehende **Übereinstimmung** besteht" (Fraenkel). Ist dies nicht der Fall, sei die Lebensfähigkeit des gesamten Staates bedroht. Ein Ausweg aus dieser Situation wurde von Fraenkel nicht beschrieben.

Abgesehen von dieser Schwachstelle überwiegen allerdings die Vorteile seines Ansatzes. Zunächst einmal beschreibt er mit seiner Theorie im Prinzip die Funktionsweise der meisten **westlichen demokratischen Systeme** oder zumindest deren **Ideal**. Dieses scheint auch deswegen so erstrebenswert, weil durch die beschriebenen Aushandlungsprozesse die individuellen Interessen und Freiheiten so weit wie möglich berücksichtigt und geschützt werden können.

Vorteile der Theorie

4. *Wie bei vielen Aufgaben aus dem Anforderungsbereich III gibt es auch hier nicht die _eine_ richtige Antwort. Wichtiger als das abschließende Fazit und die Entscheidung für bzw. gegen Volksentscheide ist die Stichhaltigkeit der vorhergehenden Argumentation. Nachfolgend wird eine den Volksentscheid eher skeptisch betrachtende Musterlösung skizziert. Auf der Grundlage der aufgeführten Argumente kann bei anderer Gewichtung aber durchaus auch eine gegenteilige Meinung vertreten werden. Auch die Beispiele für (un)geeignete Themen lassen sich unterschiedlich zuordnen.*

Bei dieser Teilaufgabe wird eine klassische Erörterung erwartet. Nach einer Einleitung, die das Problem bzw. die Frage aus der Aufgabenstellung aufgreift, werden zumeist die Argumente der Gegenseite dargestellt. Im zweiten Schritt werden die Argumente, die die eigene Position stützen, dagegen angeführt. Die eigene Meinung wird in einem abschließenden Fazit formuliert.

Anders als auf kommunaler und auf Landesebene gibt es auf Bundesebene nicht die Möglichkeit zu Volksentscheiden. Nur bei der Fusion einzelner Bundesländer muss in den betroffenen Ländern ein Volksentscheid darüber stattfinden.

Situationsbeschreibung

Als „Wutbürger" oder nach Lektüre der Broschüren des Vereins „Mehr Demokratie e. V." könnte man meinen, die Vorteile von Volksentscheiden auf Bundesebene lägen doch auf der Hand: Ein vornehmlich repräsentatives System weist aus dieser Perspektive ein klares **Demokratiedefizit** auf. Alle vier Jahre bei der Bundestagswahl „sein Kreuz zu machen", ansonsten zu schweigen und die gewählten Vertreter entscheiden zu lassen, ist nicht das, was dieser Demokratievorstellung entspricht. Über 60 Jahre nach dem Ende des Dritten Reiches und über zwei Jahrzehnte nach der Wiedervereinigung seien die Bürger demokratisch gefestigt genug, um gegen die Parolen von **Demagogen** gewappnet zu sein. So sei es an der Zeit, den **gesellschaft-**

Argumente pro Volksentscheid

4

lichen Wandlungsprozessen Rechnung zu tragen, das politische System entsprechend zu reformieren und Volksentscheide wie in Frankreich auch auf Bundesebene, d. h. zu den Themen der „großen Politik", zu ermöglichen. Dies würde nicht nur zu einer stärkeren **Kontrolle** der Parteien und Politiker führen, sondern auch der **Politikverdrossenheit** der Bürger, die sich von den entscheidenden Fragen ausgegrenzt fühlen, entgegenwirken.

So weit, so verführerisch –, aber ganz so einfach ist es nicht: Nicht nur bei gesellschaftlichen **Reizthemen** wie der Todesstrafe droht die Gefahr von **populistischen Kampagnen**, wie die Abstimmung um das Minarett-Verbot in der Schweiz (2009) gezeigt hat. Auch lassen sich **komplexe Sachverhalte** der „großen Politik" häufig nicht auf eine einfache „Ja-Nein-Frage" reduzieren. Erschwerend kommt hinzu, dass Volksentscheide dann sinnvoll erscheinen, wenn die Abstimmenden von der Entscheidung **direkt betroffen** sind und deren Folgen in ihrem Alltag wahrnehmen (auf kommunaler Ebene etwa die Streckenführung von Straßenbahnen, der Bau von Brücken etc.). Die Auswirkungen von komplexen Themen wie z. B. der Europa- oder Fiskalpolitik auf den einzelnen Bürger sind häufig kaum vermittelbar und öffnen populistischen „Vereinfachern" Tür und Tor. Den Gegnern von Volksentscheiden dient die Kampagne und das Ergebnis des Brexit-Entscheids als abschreckendes Paradebeispiel. Abschließend soll noch ein Punkt angeführt werden, der ebenfalls häufig übersehen wird: Sollte sich der durch einen Volksentscheid gefasste Beschluss als unzulänglich erweisen, kann dieser aus legitimatorischen Gründen nur schwer ohne einen erneuten kostspieligen Entscheid korrigiert werden.

Argumente kontra Volksentscheid

Wir sollten daher zwar im Rahmen des demokratischen politischen Systems die vorhandenen Partizipationsmöglichkeiten besser ausschöpfen, dazu bedarf es aber keiner Volksentscheide auf Bundesebene.

Fazit

Checkliste

Aspekt	Ja	Teil-weise	Nein	Weiß nicht
TEILAUFGABE 1				
Habe ich die wesentlichen Informationen zur Karikatur zusammengefasst? (Erscheinungsdatum, Zeichner etc.)	☐	☐	☐	☐
Bin ich auf alle Details im Bild eingegangen?	☐	☐	☐	☐
Ist meine Beschreibung für eine Person nachvollziehbar, die die Karikatur nicht kennt?	☐	☐	☐	☐
TEILAUFGABE 2				
Habe ich den politischen Kontext richtig erkannt und klar benannt?	☐	☐	☐	☐
Habe ich die Karikaturaussage vor diesem Hintergrund treffend zusammengefasst?	☐	☐	☐	☐
Konnte ich meine Einordnung anhand konkreter Bildelemente stichhaltig belegen?	☐	☐	☐	☐
TEILAUFGABE 3				
Habe ich die Demokratietheorie, die ich darstellen wollte, explizit benannt?	☐	☐	☐	☐
Ist der Entstehungshintergrund der Theorie verständlich geworden?	☐	☐	☐	☐
Habe ich die wichtigsten Elemente dieser Demokratie-theorie genannt?	☐	☐	☐	☐
Sind die Vor- und Nachteile des Konzepts sachlich und anschaulich dargelegt?	☐	☐	☐	☐
Folgt meine Analyse einem nachvollziehbaren Aufbau?	☐	☐	☐	☐
TEILAUFGABE 4				
Habe ich auf die aktuelle Situation Bezug genommen?	☐	☐	☐	☐
Habe ich konkrete Beispiele bzw. Themen angeführt?	☐	☐	☐	☐
Habe ich Pro- und Kontra-Argumente gegenübergestellt und kriterienorientiert gegeneinander abgewogen?	☐	☐	☐	☐
Folgt meine Erörterung dem Aufbau „Einleitung – Argumentation – Fazit"?	☐	☐	☐	☐
Ist die Struktur meines Textes durch sprachliche Elemente für den Leser verständlich geworden? (z. B. Verwendung des Konjunktivs, strukturierende Begriffe wie „aber", „daher" …)	☐	☐	☐	☐

Thema: *Parteien, Partizipation*
Dauer: *90 Minuten*

Aufgabenstellung

1. Geben Sie den Standpunkt des Verfassers zur Neuregelung der Parteienfinanzierung wieder (M 1).

2. Stellen Sie knapp dar, wie die Parteienfinanzierung der Bundesrepublik geregelt ist.

3. Vergleichen Sie Parteien und Bürgerinitiativen.

4. Überprüfen Sie den Standpunkt des Kommentators (M 1). Beziehen Sie dabei Ihr Hintergrundwissen über Parteienfinanzierung und Parteienverdrossenheit mit ein.

5. Beurteilen Sie Helmut Schmidts Stellungnahme (M 2) zu der Festsetzung des Wahlalters.

M 1: Stefan Hupka: Parteifinanzen. Die gerechte Strafe

Sie können auch anders. Haben sie nicht Engelsgeduld bewiesen mit dem Volk, ihm goldene Brücken gebaut, auf es eingeredet wie auf einen müden Gaul? Vergebens. Dieses Volk ist ein schwieriger, beinahe hoffnungsloser Fall: Trotz aller Bemühungen der politischen Parteien nämlich hat das Volk immer weniger Interesse, Mitglied bei
5 ihnen zu werden – beziehungsweise, wo es das schon ist, dieses zu bleiben. Da müssen die Parteien jetzt mal andere Saiten aufziehen. Die neue SPD-Schatzmeisterin hat das mit der nötigen Schärfe klar gemacht: Parteien hängen unter anderem von Mitgliedsbeiträgen ab, und wenn die Bürger sich nicht mehr als Mitglieder engagieren, müsse das durch Zuschüsse aus Steuern ausgeglichen werden. Die CDU ist, wie man
10 hört, auch dieser Meinung. Ist das nicht tatsächlich die gerechte Strafe für dieses geizige, egoistische, partei- und wahlmüde Volk? Aber warum so inkonsequent? Noch besser wäre es doch, die Parteien täten, wie von Brecht geraten, lösten das Volk auf und wählten ein neues, engagiertes, das freudestrahlend Spenden und Beiträge an die Parteischatzmeister überweist. Man muss nur eine Weile danach suchen. In der Zwi-
15 schenzeit könnten die Parteien überlegen, wie sie vielleicht doch mit den Hunderten von Millionen Euro jährlich klarkommen, die ihnen jetzt schon überwiesen werden. Das ginge gewiss nicht ohne manch harte Reform. Aber vielleicht gehen daraus ja Parteien hervor, in die sich endlich wieder einzutreten lohnt.

Stefan Hupka, Parteifinanzen. Die gerechte Strafe, Badische Zeitung, 20. 8. 2007

M 2: Volljährig mit 18? Helmut Schmidt[1] hält nichts davon

„Natürlich gibt es junge Menschen, die mit 18 ganz genau wissen, was sie tun und warum sie es tun. Aber generell hätte ich die Volljährigkeit nicht von 21 aufs 18. Lebensjahr heruntergesetzt, auch das Wahlalter nicht. Jemanden für volljährig zu erklären, der noch in der Berufsschule oder in der Unterprima[2] auf der Schulbank sitzt,
5 halte ich nicht für sonderlich sinnvoll."

Winter, Stefan: Volljährig mit 18? Helmut Schmidt hält nichts davon. (11. 11. 2007)
© jetzt.de – Süddeutsche Zeitung

Anmerkungen
1 Helmut Schmidt (23. 12. 1918 – 10. 11. 2015): SPD-Politiker, Bundeskanzler a. D. (1974 –1982)
2 Unterprima: bei einer dreijährigen Oberstufe (Jg. 11–13) die 12. Klasse

Gewichtung der Teilaufgaben: 15 % : 15 % : 20 % : 25 % : 25 %

Lösungsvorschläge

1. *Der Operator „wiedergeben" erfordert eine auf bestimmte, in der Aufgabenstellung genannte Aspekte reduzierte Inhaltsangabe. Diese sollte in stark zusammenfassender, strukturierter Form und in eigenen Worten erstellt werden; eine Nacherzählung ist zu vermeiden. Am Beginn Ihrer Lösung steht ein sogenannter Basissatz, der alle wesentlichen Informationen enthält, d. h. den Autor, den Titel, das Erscheinungsdatum und den Ort der Veröffentlichung angibt.*

Stefan Hupka kritisiert in seinem mit „Parteifinanzen. Die gerechte Strafe" überschriebenen Kommentar, der am 20. 8. 2007 in der Badischen Zeitung veröffentlicht wurde, die Bestrebungen zur Neuregelung der Parteienfinanzierung. In Anbetracht sinkender Mitgliederzahlen (vgl. Z. 4 f.) und damit rückläufiger Mitgliedsbeiträge streben die Parteien eine Ausweitung der Parteienfinanzierung aus Steuergeldern an (vgl. Z. 7 ff.). Diese Pläne werden von Hupka scharf kritisiert. Er fordert die Parteien zu einem deutlichen Wandel und einer effizienteren Nutzung der vorhandenen Mittel auf (vgl. Z. 14 ff.) und vermutet, dass auf diese Art und Weise die Parteien wieder attraktiver würden (vgl. Z. 17 f.). *(Quellenangabe, Hauptaussage / zusammenfassende Wiedergabe)*

2. *Der Operator „darstellen" verlangt hier von Ihnen, wesentliche Aspekte der Parteienfinanzierung in der Bundesrepublik logisch strukturiert wiederzugeben. Dabei müssen Sie die Ihnen bekannten Fachbegriffe (z. B. Parteispenden, Parteiengesetz, gesellschaftliche Bedeutung) verwenden. Wie bei den meisten Aufgaben aus dem Anforderungsbereich I ist auf eine persönliche Bewertung zu verzichten.*

8

Die Parteien verfügen in Deutschland über drei Einnahmequellen: **Mitgliedsbeiträge, private Spenden** und **Zuwendungen durch den Staat**. Hinzu kommen noch Abgaben von Parteimitgliedern, die öffentliche Ämter ausüben. Das Grundgesetz und das Parteiengesetz (PartG) verpflichten die Parteien zu **Transparenz** in Bezug auf ihr Vermögen, ihre Einkünfte und ihre Ausgaben.

Einnahmequellen der Parteien

Maßgeblich für die staatlichen Zuwendungen ist die sogenannte **gesellschaftliche Bedeutung** einer Partei. Als Indikator werden hierfür die erreichten Wählerstimmen sowie die Einnahmen von natürlichen Personen verwendet. So erhalten die Parteien für jede erreichte Stimme (es gelten eine 0,5 %-Hürde bei Bundestags- und Europa- sowie eine 1 %-Hürde bei Landtagswahlen) und für jeden eingenommenen Euro **staatliche Zuschüsse**. Die Obergrenze dieser Summe entspricht den Einnahmen der Partei. Dabei darf das Gesamtvolumen staatlicher Mittel eine Höchstgrenze nicht überschreiten, die jährlich dynamisch angepasst wird. 2016 waren dies 160,5 Mio. €. Seit 2017 kann verfassungsfeindlichen Parteien die staatliche Parteienfinanzierung entzogen werden.

Regelung der staatlichen Zuwendungen

Bedingt durch die Parteispendenskandale gelten für Spenden seit 2002 strengere Transparenzregeln. So ist es nunmehr verboten, Spenden zu stückeln, damit sie unter der **Veröffentlichungsgrenze** von 10 000 € bleiben. Spenden über 50 000 € müssen unverzüglich dem Präsidenten des Bundestags angezeigt und als Bundestagsdrucksache veröffentlicht werden.

Regelung der Parteispenden

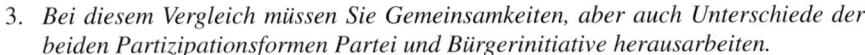

3. *Bei diesem Vergleich müssen Sie Gemeinsamkeiten, aber auch Unterschiede der beiden Partizipationsformen Partei und Bürgerinitiative herausarbeiten.*

Die Parteien spielen laut Art. 21 GG eine zentrale Rolle bei der **politischen Willensbildung** und sollen laut PartG für eine lebendige Verbindung zwischen dem Volk und den Staatsorganen sorgen. Anders als beispielsweise Interessengruppen sind sie dem **ganzen Staat verpflichtet** und in ihrem Bestehen auf **Dauerhaftigkeit** angelegt. Außerdem müssen sie sich aktiv an **Wahlen** beteiligen. Versäumen sie dies über einen längeren Zeitraum, verlieren sie ihren Status als Partei.

Merkmale und Rolle von Parteien

Bürgerinitiativen sind dagegen **spontane Aktionsbündnisse**, die meist nur ein bestimmtes Thema bzw. Ziel verfolgen (**single-issue**), dabei sind sie nicht dem gesamten Staat verpflichtet, sondern können **einseitige Interessen** verfolgen. Meist zerfallen sie nach Erreichen bzw. Nicht-Erreichen ihrer Ziele wieder. Eine Ausnahme stellen die Grünen dar, die aus der Friedens-

Merkmale und Rolle von Bürgerinitiativen

und Anti-Atomkraftbewegung entstanden und seit vielen Jahren als Partei etabliert sind.

Parteien wie Bürgerinitiativen geben interessierten Bürgern die Möglichkeit, sich politisch zu engagieren (**Partizipation**).

Fazit: Gemeinsamkeit

4. *Bei „überprüfen" handelt es sich um einen Operator aus dem Anforderungsbereich III. Das bedeutet, es gibt auch hier nicht die eine richtige Antwort und somit haben Sie Spielraum für Ihre persönliche Meinung. Während der Kurzkommentar einer regionalen Tageszeitung zuspitzen und polemisieren darf, wird von Ihnen hier jedoch eine differenzierte Sicht auf die Dinge verlangt. Außerdem müssen Sie Ihr Hintergrundwissen einbringen und dieses dabei auf das Material beziehen. Eine reine Wiedergabe von Hintergrundwissen ohne die Anwendung auf den Text ist bei diesem Operator nicht ausreichend.*

Angesichts sinkender Einnahmen versuchen die Parteien durch den Ruf nach mehr staatlichen Beihilfen die Deckung ihres Finanzbedarfs sicherzustellen (vgl. Z. 7 ff.).

Hauptgegenstand des Kommentars

Dies hat allerdings einen bitteren Beigeschmack: Da die Parteienfinanzierung gesetzlich geregelt ist, bestimmen die Parteien im Bundestag selbst über die Höhe der staatlichen Zuwendungen. Diese wird auch in Anbetracht der weitgehenden **Steuervorteile** der Parteien immer wieder als bereits zu hoch kritisiert (vgl. Z. 14 ff.). Allerdings ermöglicht die Parteienfinanzierung durch den Staat, also durch den **Steuerzahler**, gerade kleineren Parteien, die nicht von Großspendern unterstützt werden und über wenige Mitglieder und Mandatsträger verfügen, erst ihre Arbeit. Sicherlich ist es angesichts allgegenwärtiger Sparzwänge berechtigt, auch von Parteien Zurückhaltung zu verlangen. Allerdings sollte man den möglichen Preis einer abnehmenden Parteientätigkeit im Auge behalten.

Auseinandersetzung mit der Parteienfinanzierung

In Z. 17 f. greift Hupka einen weiteren häufig vorgebrachten Kritikpunkt auf. Die Parteien seien selbst schuld an der Parteienverdrossenheit der Bürger und hätten ihre missliche Lage somit selbst verschuldet.

erneuter Bezug auf den Text

Es entspricht dem Genre des Kommentars, dass der Autor diesen Zusammenhang pauschal und verurteilend darstellt. Dabei hat der Begriff eigentlich einen wissenschaftlich-deskriptiven Charakter: Die empirisch schwer greifbare Parteienverdrossenheit ist nicht allein dem (vermeintlichen) Versagen der Parteien geschuldet, sondern hat weitere Ursachen. Diese sind zum einen gesellschaftlicher Art. Neben der **Altersstruktur** der Gesellschaft verändern sich auch **Sozialmilieus** und gesellschaftliche Konfliktlinien (**Cleavages**) und damit auch das Zugehörigkeitsgefühl zu bestimmten Parteien. Zum anderen sind politische Faktoren zu nennen, wie die typisch deutsche skeptische

Auseinandersetzung mit „Parteienverdrossenheit"

10

Haltung gegenüber **internen Parteikonflikten** und Probleme bei der Zurechnung von politischer Verantwortung im **föderalen System**. Ein Teil der Verantwortung für ihre Lage liegt schließlich bei den Parteien selbst. Durch Skandale und Affären, aber auch durch nicht adäquate programmatische Reaktionen auf die beschriebenen Wandlungsprozesse entsteht der Eindruck, dass sie ihrer Rolle der „**lebendigen Verbindung**" nicht mehr gerecht werden, sondern von der Gesellschaft abgekoppelt existieren.

All dies zeigt, dass die Realität komplizierter ist, als eine reflexartige Empörung zunächst nahelegt. Auch wenn die Demokratie nicht ohne partizipationswillige Bürger funktionieren kann, hat Hupka jedoch recht, wenn er die Parteien zu Augenmaß und Begeisterungsfähigkeit mahnt (vgl. Z. 11 ff.).

Fazit: eingeschränkte Zustimmung

5. *Wichtiger als das abschließende Fazit und die Entscheidung für bzw. gegen eine Herabsetzung des Wahlalters ist die Stichhaltigkeit der vorhergehenden Argumentation. Im Folgenden wird eine Musterlösung skizziert, die für eine Herabsetzung des Wahlalters argumentiert. Wenn man die ebenfalls erwähnten Gegenargumente stärker gewichtet, kann man jedoch auch zu einem anderen Ergebnis kommen. Ein „Basissatz" zu M 2 ist nicht notwendig, da das Zitat bei dieser Aufgabenstellung nur als „Aufhänger" dient.*

Der ehemalige Bundeskanzler Schmidt ist grundsätzlich gegen die Volljährigkeit mit 18 Jahren und die damit verbundene Herabsetzung des Wahlalters, wie sie seit 1975 in der Bundesrepublik gilt.

Zusammenfassung der Stellungnahme

Aktuell wird eher über eine Herab- als über eine Heraufsetzung des Wahlalters diskutiert. Auf **Landesebene** haben Brandenburg, Bremen, Hamburg und Schleswig-Holstein das Wahlalter auf 16 Jahre herabgesetzt. Für **Kommunalwahlen** ist dies der Fall in Baden-Württemberg, Berlin, Brandenburg, Bremen, Hamburg, Mecklenburg-Vorpommern, Niedersachsen, NRW, Sachsen-Anhalt, Schleswig-Holstein und Thüringen. In keinem Fall wird dabei das passive Wahlrecht unter 18 Jahren zugebilligt (in Hessen auf Landesebene sogar 21 Jahre). Aber ist es sinnvoll, – wie Schmidt betont (vgl. Z. 4) – „Schülern" das Wahlrecht zu erteilen?

aktueller politischer Kontext

Kann man Jugendlichen, die nicht voll **strafmündig** und **geschäftsfähig** sind, also als nicht ausreichend reif erachtet werden, gleichberechtigt Mitbestimmung in Fragen gewähren, die Staat und Gesellschaft betreffen? Ist dies nicht unverantwortlich und wertet es nicht den Wahlakt an sich ab? Sind viele der Jugendlichen nicht viel zu uninteressiert oder gar **politikverdrossen**, sodass die Maßnahme wirkungslos bleiben würde?

Argumente kontra Herabsetzung des Wahlalters

Alle diese Bedenken sind sicherlich berechtigt, lassen aber eine biologische Tatsache, die auch Schmidt übersieht, außer Acht: Die Pubertät und damit die körperliche und vielleicht auch rationale **Reife** setzt heute früher ein. Sicherlich stehen viele Jugendliche der Politik indifferent bis desinteressiert gegenüber, echtes Interesse ergibt sich aber nur aus einem **Betroffenheitsgefühl** und durch Integration. Sprich: Mit dem Wahlrecht bekommen die Jugendlichen erst das Gefühl, dass Politik auch sie betrifft. Schließlich darf ein weiterer Gesichtspunkt nicht übersehen werden. Viele heute zu treffende Entscheidungen etwa über die Sozialversicherungssysteme, über Umweltschutzfragen und über den Schuldenabbau betreffen in ihren mittel- bis langfristigen Auswirkungen in erheblichem Maße die Erwachsenen von morgen.

Argumente pro Herabsetzung des Wahlalters

Um den demografischen Wandel widerzuspiegeln und zu verhindern, dass sich die **Mehrheitsverhältnisse** völlig zum Nachteil der zahlenmäßig schwachen jungen Generation verschieben, ist eine Absenkung des Wahlalters somit zu befürworten.

Gewichtung der Argumente: Fazit

Checkliste

Aspekt	Ja	Teilweise	Nein	Weiß nicht
TEILAUFGABE 1				
Habe ich die wesentlichen Informationen zum Text zusammengefasst? (Erscheinungsdatum, Autor etc.)	☐	☐	☐	☐
Habe ich den Standpunkt des Verfassers erkannt?	☐	☐	☐	☐
Habe ich die relevanten Aspekte aus dem Text herausgearbeitet?	☐	☐	☐	☐
Konnte ich die Aspekte mit eigenen Worten wiedergeben?	☐	☐	☐	☐
TEILAUFGABE 2				
Habe ich wesentliche Aspekte der Parteienfinanzierung aufgeführt?	☐	☐	☐	☐
Folgt meine Darstellung einem nachvollziehbaren Aufbau?	☐	☐	☐	☐
Habe ich relevante Fachbegriffe richtig verwendet?	☐	☐	☐	☐
Habe ich sachlich formuliert und nicht persönlich Position bezogen?	☐	☐	☐	☐

TEILAUFGABE 3

Habe ich spezifische Merkmale sowohl von Parteien als auch von Bürgerinitiativen genannt und gegenübergestellt?	☐	☐	☐	☐
Konnte ich Gemeinsamkeiten und Unterschiede aufzeigen?	☐	☐	☐	☐
Habe ich mich sachlich ausgedrückt und relevante Fachbegriffe richtig eingesetzt?	☐	☐	☐	☐

TEILAUFGABE 4

Habe ich auf Aspekte aus dem Material Bezug genommen?	☐	☐	☐	☐
Habe ich die Textnachweise der genannten inhaltlichen Aspekte erbracht und – sofern verwendet – Zitate nachgewiesen?	☐	☐	☐	☐
Konnte ich mein gelerntes Wissen durch sinnvolle Verknüpfung mit den Aussagen des Quellentextes zur Geltung bringen?	☐	☐	☐	☐
Habe ich das Ergebnis meiner Überprüfung knapp zusammengefasst?	☐	☐	☐	☐
Folgt meine Lösung einem nachvollziehbaren Aufbau?	☐	☐	☐	☐

TEILAUFGABE 5

Habe ich auf die aktuelle Situation Bezug genommen?	☐	☐	☐	☐
Habe ich Pro- und Kontra-Argumente gegenübergestellt und kriterienorientiert gegeneinander abgewogen?	☐	☐	☐	☐
Folgt meine Beurteilung dem Aufbau „Einleitung – Argumentation – Fazit"?	☐	☐	☐	☐
Ist die Struktur meines Textes durch sprachliche Elemente für den Leser verständlich geworden? (z. B. Verwendung des Konjunktivs, strukturierende Begriffe wie „aber", „daher" …)	☐	☐	☐	☐

Thema: *Gesetzgebung, Interessengruppen*
Dauer: *90 Minuten*

Aufgabenstellung

1. Stellen Sie den Prozess der Gesetzgebung eines Zustimmungsgesetzes von der Gesetzesinitiative bis zur Unterzeichnung durch den Bundespräsidenten dar. Gehen Sie dabei besonders auf die Befugnisse von Bundestag und Bundesrat ein.

2. Beschreiben Sie die Karikatur (M 1).

3. Interpretieren Sie die Karikatur (M 1). Nennen Sie dabei auch aktuelle Beispiele.

4. Bewerten Sie ausgehend von der Karikatur (M 1) das Wirken von Interessengruppen.

5. Beschreiben Sie die Statistik (M 2).

6. Erklären Sie die Werte in der Statistik (M 2) vor dem Hintergrund des politischen Systems der Bundesrepublik.

M 1: Regierungserklärung zum VW-Skandal

Quelle: Klaus Stuttmann; https://www.stuttmann-karikaturen.de/ergebnis/6466, 6. 8. 2017

Hintergrundinformation:
Etwa einen Monat vor der Bundestagswahl im September 2017 und gut zwei Monate vor der Landtagswahl in Niedersachsen (Oktober 2017) wurde bekannt, dass der niedersächsische Ministerpräsident Stephan Weil eine Regierungserklärung im Jahr 2015 zu den Betrugsvorwürfen gegen Volkswagen im Zusammenhang mit der Dieselaffäre von Vertretern des Automobilherstellers hatte gegenlesen lassen. Teile der Änderungsvorschläge wurden dabei in die Endfassung der Rede übernommen. Weil wurde inzwischen wiedergewählt.

M 2: Gesetzesvorhaben nach Initiatoren

Gesetzes-vorhaben, aufgeschlüsselt nach Initiatoren	13. WP 1994–1998		14. WP 1998–2002		15. WP 2002–2005		16. WP 2005–2009		17. WP 2009–2013	
	An-zahl	in %	An-zahl	in %	An-zahl	in %	An-zahl	in %	An-zahl	in %
Beim Bundesrat bzw. Bundestag eingebrachte Gesetzesvorhaben	1013	100	1002	100	760	100	970	100	906	100
Regierungsvorlagen	449	44,3	450	44,4	362	47,6	539	55,6	492	54,3
Gesetzesanträge von Ländern	235	23,2	224	22,1	187	24,6	167	17,2	136	15,0
Initiativen des Bundestages	329	32,5	328	32,4	211	27,8	264	27,2	278	30,7

*https://www.bundestag.de/blob/196202/3aa6ee34b546e9ee58d0759a0cd71338/kapitel_*
10_01_statistik_zur_gesetzgebung-data.pdf

Gewichtung der Teilaufgaben: 15 % : 10 % : 20 % : 25 % : 10 % : 20 %

Lösungsvorschläge

1. *Nach einem Einleitungssatz, in dem Sie „Zustimmungsgesetz" definieren, erklären Sie knapp die einzelnen Etappen des Gesetzgebungsprozesses von der Initiative bis zur Unterzeichnung.*

Zustimmungsgesetze sind Gesetze, die im Unterschied zu Einspruchsgesetzen die Zustimmung des Bundesrats zwingend erfordern. Dies ist der Fall bei Verfassungsänderungen, Gesetzen mit Auswirkungen auf die Länderfinanzen und bei Gesetzen, die von den Ländern ausgeführt werden müssen.

Das Recht, ein Gesetzesvorhaben, eine sogenannte **Gesetzesinitiative**, auf den Weg zu bringen, haben die Bundesregierung, der Bundestag und der Bundesrat. Das Gesetz wird zuerst im

Begriffsdefinition

Gesetzgebungsprozess und daran Beteiligte

15

Bundestag beraten; dieser Vorgang heißt Lesung. Nach dieser **ersten Lesung** wird das Gesetzesvorhaben in den zuständigen **Ausschuss** verwiesen. Die Ausschüsse spiegeln in ihrer Zusammensetzung die Sitzverteilung im Bundestag wider. In den parallel zu den Fachgebieten der Ministerien gebildeten Ausschüssen sitzen die jeweiligen Experten der Parteien und die Ausschüsse können sich in sogenannten Hearings auch externe Experten einladen. Die Ausschussmitglieder geben gegenüber den Mitgliedern ihrer Fraktion eine Empfehlung für das Abstimmungsverhalten ab. Diese ist in den Grenzen der informellen Fraktionsdisziplin bindend; eine Ausnahme stellen z. B. ethische Fragen dar. Die Arbeit im Ausschuss ist Grundlage für die **zweite Lesung**, in der jeder Abgeordnete Änderungsvorschläge einbringen kann. In der **dritten Lesung** wird über den Gesetzesentwurf abschließend abgestimmt. Dies ist die **Verabschiedung** des Gesetzes im Bundestag. Anschließend wird das Gesetz dem **Bundesrat** zur Abstimmung vorgelegt.

Stimmt dieser nicht zu, wird der **Vermittlungsausschuss** angerufen. Dieser entspricht in seiner Zusammensetzung den Mehrheitsverhältnissen von Bundestag und Bundesrat, wobei Bundestag und Bundesrat gleich viele Mitglieder in den Ausschuss entsenden. Er tagt mit dem Ziel einer Kompromissfindung in nichtöffentlicher Sitzung, seine Mitglieder sind nicht weisungsgebunden. Das Ergebnis des Vermittlungsausschusses wird zuerst dem Bundestag und nach dessen Zustimmung **erneut** dem Bundesrat zur **Abstimmung** vorgelegt. Verweigert eine der beiden Kammern ihre Zustimmung, ist eine erneute Vermittlung möglich, in der Praxis scheitert dann das Gesetzesvorhaben aber zumeist.

(Randnotiz:) Möglichkeit A: der Bundesrat stimmt nicht zu

Stimmen beide Kammern dem Vorhaben (nun) zu, prüft der **Bundespräsident** das Gesetz auf seine Verfassungsmäßigkeit und unterzeichnet es. In der Regel 14 Tage nach der Veröffentlichung im **Bundesgesetzblatt** tritt das Gesetz in Kraft.

(Randnotiz:) Möglichkeit B: der Bundesrat stimmt zu

2. *Hier müssen Sie mit dem sogenannten Basissatz beginnen, d. h. alle zur Verfügung stehenden Informationen zum Material (Zeichner, Titel und Erscheinungsdatum) zusammenfassen. Anschließend beschreiben Sie die Karikatur systematisch und detailliert.*

Die im Internet auf der Seite des Zeichners veröffentlichte Karikatur von Klaus Stuttmann vom 06.08.2017 besteht aus **zwei Teilen**.

(Randnotiz:) Quellenangabe

In der **Bildmitte** und im Vordergrund sieht man einen Mann mit Brille und Anzug hinter einem Rednerpult, der breit lächelnd

(Randnotiz:) detaillierte Beschreibung

und gestikulierend eine Rede hält. Ein **Namensschild** auf dem Rednerpult weist ihn als Stephan Weil aus. Über seinem Kopf befindet sich eine **Sprechblase**, die aus einer großen Rußwolke besteht. Im Hintergrund sagt ein Mann zu einer Frau „Die Rede wurde bei VW produziert …".

3. *Auch hier ist es sinnvoll, vor der eigentlichen Interpretation in einem Einleitungssatz das zentrale Thema (Interessengruppen) der Karikatur und damit der Aufgabe zu definieren. In der anschließenden Interpretation sollten Sie immer wieder Bezüge zu den einzelnen Bildelementen herstellen. Dies schützt Sie auch davor, dass Ihre Interpretation eine Eigendynamik entwickelt und Sie „am Thema vorbei" schreiben. Ausgangspunkt und zentraler Aspekt der Interpretation ist dabei das Grundanliegen eines jeden Karikaturisten, die Kritik an wirtschaftlichen, politischen oder sozialen Missständen. Um sicher zu sein, die mit dem Stilmittel der Übertreibung und der Ironie vorgebrachte Kritik richtig zu erfassen, ist es sinnvoll, den Kerngedanken für sich auszuformulieren.*

Der Karikaturist kritisiert am Beispiel des Dieselskandals, der mit den Enthüllungen über manipulierte Motorsteuerung bei Volkswagen begonnen und im Anschluss fast die gesamte Branche erfasst hat, den Einfluss von Interessengruppen auf die Politik. Interessengruppen sind **Verbände** und **Vereine**, die die Interessen von bestimmten gesellschaftlichen Gruppen vertreten und dabei Einfluss auf politische Entscheidungen nehmen, aber keine **politische Verantwortung** anstreben. Nach dem Grundgesetz handelt es sich um Vereine (Art. 9 GG) und nicht um Parteien (Art. 21 GG).

Thema der Karikatur; kurze Definition

Im hier vorliegenden Fall hat der niedersächsische Ministerpräsident Weil eine Regierungserklärung zum Dieselgate Vertretern des betroffenen Autobauers Volkswagen zur Prüfung vorgelegt. Neben technischen und juristischen Details wurden auch politische Urteile über die Bewertung der Vorgänge geändert. Dabei wählt der Karikaturist in diesem Fall eine drastische Bildsprache. Ausgehend vom Gegenstand des Skandals (erhöhter Schadstoffausstoß) wird die Rede Weils als heiße, rußhaltige Luft angeprangert. Die Aussage „Die Rede wurde bei VW produziert" greift dabei den von Medien und der Opposition im Wahlkampf erhobenen Vorwurf, dass Weil hier eine Einflussnahme auf zentrale politische Stellungnahmen zugelassen habe, auf. Sie geht sogar noch weiter und unterstellt ein Ghostwritertum des Autobauers.

Entschlüsselung der Karikaturaussage: Deutung einzelner Bildelemente

Die hier kritisierte **Einflussnahme** wird mit den Mitteln der **Übertreibung** und **Ironie** zugespitzt, häufig ist die Einflussnahme von Interessengruppen subtiler. Mittel der Lobbyisten sind: Einflussnahme auf die öffentliche Meinung bzw. auf Wählerentscheidungen, das Einbringen von Fachwissen in Gesetzgebungsverfahren, Spenden und die personelle Durchsetzung von Parteien und Staatsorganen. Gleichzeitig kritisiert Stuttmann die **Beeinflussbarkeit** der niedersächsischen Landesregierung, die nicht dem Gemeinwohl folge, sondern dem Druck von Interessengruppen nachgebe.

Andere Interessengruppen haben sich in letzter Zeit bei folgenden Themen eingeschaltet: Rauchverbot, Mindestlohn, Mehrwertsteuer, Klimaschutz u. v. m.

aktueller Bezug

4. *Nachfolgend wird eine die Interessengruppen eher kritisierende Musterlösung skizziert. Bei anderer Gewichtung der aufgeführten Argumente kann aber durchaus auch eine gegenteilige Meinung vertreten werden. Wie bei vielen Aufgaben aus dem Anforderungsbereich III gibt es auch hier nicht nur eine richtige Antwort. Entscheidend für die Bewertung ist die Stimmigkeit der Argumentation.*

In Politikfeldern wie der Begrenzung des Klimawandels, dem Einsatz von Gentechnik oder der Erhöhung bzw. Senkung von Steuern spielt häufig der Einfluss von Interessengruppen eine große Rolle. Immer wieder schreckt die Öffentlichkeit auf, wenn zu starke Verflechtungen von Interessengruppen und Politik ruchbar werden. Sollte der Einfluss von Interessengruppen daher aus der Politik verbannt werden?

Einstieg: konkrete Beispiele

Zunächst einmal muss eine Lanze für die Interessengruppen gebrochen werden. In einer **pluralistischen Demokratie** ist es keineswegs verwerflich, seine Interessen auch und gerade in institutionalisierter Form zu vertreten. Noch dazu stellen Interessenverbände häufig günstig bzw. kostenlos wertvolles **Expertenwissen** zur Verfügung. Aber hier ist schon Wachsamkeit angezeigt. Dieses Expertenwissen ist keineswegs neutral – auch wenn es ohne Bezahlung zu haben ist, ist es häufig nicht „umsonst", sondern stützt „rein zufällig" die Position der Interessengruppe. Auch gibt es weniger subtile Arten der Einflussnahme. Gerade große Interessengruppen verfügen durch eine Mobilisierung ihrer Mitglieder oder durch die Drohung mit Arbeitsplatzabbau über ein erhebliches **Erpressungspotenzial**.

Vorteile von Interessengruppen

Nachteile von Interessengruppen

Daher ist zwar die Arbeit von Interessengruppen nicht grundsätzlich verwerflich, der Staat muss aber für größtmögliche **Transparenz** sorgen und das Gemeinwohl schützen. Politik darf nicht käuflich sein und schon der Anschein der Käuflichkeit richtet erheblichen Schaden an. In Anbetracht der Macht bestimmter Interessengruppen muss der Staat des Weiteren dafür sorgen, dass auch Gruppen ohne starke Lobby geschützt werden.

Fazit: Aufgabe des Staates

5. Die Beschreibung eines statistischen Materials sollten Sie immer mit einem „Basissatz" beginnen, in dem Sie den Verfasser, das Datum, die Art der Statistik und die Art der Zahlen nennen. Bei der darauf folgenden systematischen Beschreibung geht es nicht darum, alle in der Statistik genannten Zahlen abzuschreiben. Vielmehr sollten die zentralen Tendenzen quantifiziert, aber auch widersprüchliche Entwicklungen am Beispiel konkreter Zahlen benannt werden.

Die vom Deutschen Bundestag veröffentlichte Statistik in Tabellenform zeigt die Anzahl der Gesetzesvorhaben für die 13. bis 17. Wahlperiode (WP) des **Deutschen Bundestags**. Sie informiert dabei in absoluten Zahlen und in Prozentangaben über die **Initiatoren der Gesetzesvorhaben**.

Quellenangabe, Form der Statistik

Die Aufstellung macht deutlich, dass bei schwankenden Gesamtzahlen (1013, 1002, 760, 970, 906) zunächst knapp (44,3 %), in den letzten beiden Wahlperioden etwas mehr als die Hälfte (55,6 % und 54,3 %) der Gesetzesinitiativen von der **Bundesregierung** ausgingen, sodass hier eine leicht steigende Tendenz gesehen werden kann. Der Anteil der Gesetzesinitiativen des **Bundestages** lag in der 13. WP bei 32,5 % und war bis zur 16. WP rückläufig (27,2 %). Erst in der 17. WP stieg der Anteil wieder auf 30,7 %. Die **Initiativtätigkeit der Länder** sank von 23,2 % in der 13. WP deutlich auf 15 % in der 17. WP. Die Regierungsvorlagen machten stets den größten Anteil aus.

relevante Zahlen aus der Statistik

6. Der Operator „erklären" fordert von Ihnen, Sachverhalte in einen Zusammenhang bzw. in einen theoretischen Rahmen einzuordnen und zu deuten. In Bezug auf die Aufgabenstellung bedeutet dies, mithilfe der Rahmenbedingungen des Grundgesetzes, des Zusammenspiels aus Bundesregierung, Bundestag und Bundesrat sowie praktischen Überlegungen (z. B. zu vorhandenen Ressourcen) zu erklären, warum eine deutliche Mehrheit der Gesetzesinitiativen von der Bundesregierung und nicht etwa vom Bundestag ausgeht.

Im Grundgesetz heißt es „Alle Staatsgewalt geht vom Volke aus" (**Art. 20 GG**). Daher könnte man meinen, dass die Volksvertreter, d. h. die Bundestagsabgeordneten, die Gesetzgebung in die Hand nähmen. Doch neben grundsätzlichen Überlegungen zur Gewaltenteilung, also strukturellen, im politischen System verankerten Gründen, lassen sich auch praktische Aspekte zur Erklärung der statistischen Daten heranziehen.

Einstieg: Grundgesetz

Zunächst einmal wird durch die Wahl des Bundeskanzlers durch den Bundestag im politischen System der Bundesrepublik Deutschland die Gewaltenteilung teilweise aufgehoben und durch eine **Gewaltenverschränkung** zwischen Exekutive und Legislative (Mehrheitsfraktion) ersetzt. Die Trennlinie der Gewaltenteilung und der damit verbundenen Kontrollaufgaben

politische Realität: strukturelle Gründe

verläuft also eher zwischen Regierungsfraktion und Opposition. Die Praxis zeigt aber immer wieder, dass die Mitglieder der Mehrheitsfraktion über ausreichend Selbstbewusstsein verfügen und sich nicht von der Regierung zu reinen Erfüllungsgehilfen ihrer Politik machen lassen.

Sowohl die Länder als auch die Mitglieder des Bundestags haben allerdings – und dieser Aspekt sollte neben den genannten theoretischen Aspekten nicht unberücksichtigt bleiben – einen strukturellen Nachteil. Sie verfügen nicht über die gleichen, zur Vorbereitung eines Gesetzentwurfs notwendigen **finanziellen und personellen Ressourcen** wie die Bundesministerien. *praktische Gründe*

Diese Aspekte erklären die erheblichen zahlenmäßigen Diskrepanzen bei den Gesetzesinitiativen. *kurze Zusammenfassung*

Checkliste

Aspekt	Ja	Teil-weise	Nein	Weiß nicht
TEILAUFGABE 1				
Habe ich wesentliche Aspekte des Gesetzgebungsprozesses aufgeführt?	☐	☐	☐	☐
Bin ich im Besonderen auf die Befugnisse von Bundestag und Bundesrat eingegangen?	☐	☐	☐	☐
Folgt meine Darstellung einem nachvollziehbaren Aufbau?	☐	☐	☐	☐
Habe ich sachlich formuliert und relevante Fachbegriffe richtig verwendet?	☐	☐	☐	☐
TEILAUFGABE 2				
Habe ich die wesentlichen Informationen zur Karikatur zusammengefasst? (Erscheinungsdatum, Zeichner etc.)	☐	☐	☐	☐
Bin ich auf alle Details im Bild eingegangen?	☐	☐	☐	☐
Ist meine Beschreibung für eine Person nachvollziehbar, die die Karikatur nicht kennt?	☐	☐	☐	☐
TEILAUFGABE 3				
Habe ich die Karikaturaussage treffend zusammengefasst?	☐	☐	☐	☐
Konnte ich meine Interpretation anhand konkreter Bildelemente stichhaltig belegen?	☐	☐	☐	☐

Habe ich die Karikaturaussage auf aktuelle Beispiele übertragen? ☐ ☐ ☐ ☐

Folgt meine Interpretation einem nachvollziehbaren Aufbau? ☐ ☐ ☐ ☐

TEILAUFGABE 4

Habe ich meine Lösung an die Karikaturaussage angeknüpft? ☐ ☐ ☐ ☐

Habe ich Pro- und Kontra-Argumente gegenübergestellt und kriterienorientiert gegeneinander abgewogen? ☐ ☐ ☐ ☐

Wird mein Werturteil durch eine ausreichende Erörterung meiner Argumente gestützt? ☐ ☐ ☐ ☐

Folgt meine Bewertung dem Aufbau „Einleitung – Argumentation – Fazit"? ☐ ☐ ☐ ☐

Ist die Struktur meines Textes durch sprachliche Elemente für den Leser verständlich geworden? (z. B. Verwendung des Konjunktivs, strukturierende Begriffe wie „aber", „daher" ...) ☐ ☐ ☐ ☐

TEILAUFGABE 5

Habe ich die wesentlichen Informationen zur Statistik zusammengefasst? (Erscheinungsdatum, Herausgeber etc.) ☐ ☐ ☐ ☐

Bin ich auf die relevanten Zahlen aus der Statistik eingegangen? ☐ ☐ ☐ ☐

Ist meine Beschreibung für eine Person nachvollziehbar, die die Statistik nicht kennt? ☐ ☐ ☐ ☐

TEILAUFGABE 6

Habe ich die in diesem Kontext wichtigsten Elemente des politischen Systems genannt? ☐ ☐ ☐ ☐

Habe ich auf Aussagen der Statistik Bezug genommen? ☐ ☐ ☐ ☐

Folgt meine Lösung einem nachvollziehbaren Aufbau? ☐ ☐ ☐ ☐

Thema: *Menschenrechte, Grundrechte*
Dauer: *90 Minuten*

Aufgabenstellung

1. Nennen Sie sechs im Grundgesetz der Bundesrepublik Deutschland verankerte Grundrechte. Unterscheiden Sie dabei zwischen Abwehr- und Anspruchsrechten.

2. Beschreiben Sie die Karikatur (M 1).

3. Erörtern Sie ausgehend von der Karikatur (M 1) die Frage, ob die Bundesregierung aus Rücksicht auf die Interessen der deutschen Wirtschaft von einem deutlicheren Eintreten für die Menschenrechte gegenüber der chinesischen Regierung absehen sollte.

4. Legen Sie die Rechtsgrundlage für das in M 2 genannte Folterverbot (vgl. Z. 10 f.) dar.

5. Arbeiten Sie die wesentlichen Aspekte des Falls Daschner und die Argumente, die Befürworter von Folter in bestimmten Ausnahmesituationen anführen, aus dem Text (M 2) heraus.

6. Überprüfen Sie ausgehend von M 2, ob „Fälle vorstellbar [sind], in denen auch Folter oder ihre Androhung erlaubt sein können, nämlich dann, wenn dadurch ein Rechtsgut verletzt wird, um ein höherwertiges Rechtsgut zu retten." (Geert Mackenroth, Tagesspiegel 2003)

M 1: Merkel in China

M 2: Über Folter nachdenken

Seit 30 Jahren arbeitet Hans-Ulrich Endres als Strafverteidiger in Frankfurt. Er habe
schon vieles erlebt, aber das, was sich im Mordfall des Bankierssohns Jakob von
Metzler ereignet hat, sei schon „ein einmaliger Vorgang". Der Jurist verteidigt den
mutmaßlichen Entführer und Mörder des elfjährigen Schülers Jakob, Magnus
5 G[äfgen].

Im Verhör hatte Wolfgang Daschner, Vize-Chef der Polizei am Main, Endres
Mandanten körperliche Gewalt androhen lassen, um den Aufenthaltsort des Jungen
zu erfahren. Daschner ging davon aus, dass der Junge noch am Leben sei. Später dokumentierte der Beamte seine Anweisungen in einer Aktennotiz für den Staatsanwalt.
10 Dabei wusste er, dass er gegen das Gesetz verstoßen hatte. Folter sowie Androhungen
von Gewalt bei Verhören sind verboten […].

Ist es das wirklich? Noch nie stritten sich Rechtsgelehrte und Juristen, Politiker
und Polizisten so heftig über die vom Frankfurter Vize-Chef angeordneten Verhör-
methoden […].
15 Dieter Langendörfer, ehemaliger Top-Fahnder der Hamburger Polizei, kann sich
in die Situation von Wolfgang Daschner hineinversetzen: „Es sind diese Extremlagen
bei Geiselnahmen oder Entführungen, die unkonventionelle Methoden erfordern."
[…] Das Leben des Opfers und seine Befreiung genieße „oberste Priorität" […].

"Die Polizei darf nicht foltern", hebt Holger Bernsee, Vize-Chef beim Bund
20 Deutscher Kriminalbeamter, hervor. Doch gebe es Notstandssituationen, die eine solche Rechtsverletzung rechtfertigten. Bernsee: "Was machen Sie, wenn Sie einen Terroristen festnehmen, von dem Sie wissen, dass er eine Chemiebombe deponiert hat, die in einer Stunde explodieren wird? Er schaut Sie grinsend an, und Sie wissen, dass 20 000 Menschen sterben können. Werden Sie handgreiflich, oder warten Sie ab?"
25 [...].
Selbst der Vorsitzende des Deutschen Richterbunds, Geert Mackenroth, befürwortete Ausnahmefälle, in denen Folter oder die Androhung von Gewalt erlaubt seien. Nach ersten Rücktrittsforderungen ruderte er jedoch zurück.

Christian Sturm/Marco Wiesnewski: Über Folter nachdenken, in: Focus Magazin 10/2003
(1. 3. 2003), http://www.focus.de/politik/deutschland/debatte-ueber-folter-
nachdenken_aid_194696.html

Gewichtung der Teilaufgaben: 10 % : 10 % : 25 % : 15 % : 15 % : 25 %

Lösungsvorschläge

1. *Der Operator „nennen" verlangt von Ihnen, Kenntnisse (Fachbegriffe, Daten, Fakten, Modelle) – hier zu den im Grundgesetz genannten Abwehr- und Anspruchsrechten – knapp geordnet, aber unkommentiert darzustellen.*

Abwehrrechte standen am Beginn der Geschichte der Grund- und Menschenrechte. Sie sollten den Bürger vor dem Zugriff eines zu starken Staates schützen. Im Grundgesetz sind hierzu etwa die **Menschenwürde**, das **Recht auf Leben und körperliche Unversehrtheit**, die **Religionsfreiheit** sowie die **Meinungs- und Pressefreiheit** verankert. | Abwehrrechte

Anspruchsrechte stellen eine Weiterentwicklung der Abwehrrechte dar. Sie statten den Bürger mit einklagbaren Ansprüchen gegen den Staat aus. In der Bundesrepublik gibt es z. B. das **Asylrecht**, das in diese Kategorie fällt. Aus der Menschenwürde wird außerdem der Anspruch auf ein **Existenzminimum** abgeleitet. | Anspruchsrechte

2. *Beginnen müssen Sie hier mit dem sogenannten Basissatz: Fassen Sie alle wichtigen Angaben zum Material (Zeichner, Titel, Erscheinungsdatum und Ort der Veröffentlichung) zusammen. Im Anschluss ist die Karikatur systematisch und detailliert zu beschreiben. Dabei sollten Sie geordnet und strukturiert vorgehen, sodass sich ein Leser, dem die Karikatur nicht vorliegt, diese trotzdem vorstellen kann.*

Die im Internet veröffentlichte Karikatur „Merkel in China" von Kostas Koufogiorgos vom 06. 07. 2014 zeigt eine Frau, die mit einem Mann einen Sehtest macht. | Quellenangabe, Kurzbeschreibung

Vorne rechts sieht man einen schwarzhaarigen Mann mit Brille auf dessen schwarzen Jackett „China" steht. Dieser blickt auf eine links hinten befindliche **Tafel**. Auf der Tafel stehen Schlagworte, die wie bei einem Sehtest immer kleiner werden. Man kann dort groß geschrieben „Wirtschaft" und darunter immer kleiner werdend „Urheberrecht", „Pressefreiheit", „Klimaschutz", „Menschenrechte" und ganz unten „AI Weiwei" erkennen. Rechts steht eine Frau, die mit einem kleinen Zeigestock auf die Tafel zeigt und dabei sagt „Das sind unsere heutigen Gesprächsthemen". Der Mann im **Vordergrund** erwidert darauf „Ich kann nur ‚Wirtschaft' erkennen".

detaillierte Beschreibung

3. *Karikaturisten kritisieren in ihren Zeichnungen durch die Stilmittel der Übertreibung und Ironie wirtschaftliche, politische oder soziale Sachverhalte. Vor der Interpretation der Karikatur und Beantwortung des Arbeitsauftrags ist es sinnvoll, für sich in einem Satz den Kerngedanken des Karikaturisten zu formulieren.*

Dieser Lösungsvorschlag stellt nur <u>eine</u> mögliche Erörterung dar, in der für ein konsequentes Eintreten für Menschenrechte argumentiert wird. Wenn man die hier ebenfalls erwähnten Gegenargumente stärker gewichtet, kann man sicherlich auch zu einem anderen Ergebnis kommen. Allerdings bleibt die Verpflichtung durch das Grundgesetz und durch die internationalen Konventionen bestehen. Es lassen sich aber auch realpolitische Beispiele aus anderen westlichen Demokratien finden, die belegen, dass es trotz eines institutionellen, verpflichtenden Rahmens immer wieder ein Primat der wirtschaftlichen Interessen gibt.

Für die Bewertung Ihrer Lösung ist es weniger relevant, ob Sie eine Entscheidung für bzw. gegen den Vorrang von Menschenrechten treffen. Eine größere Rolle spielt es, ob Ihre Argumentation stichhaltig ist.

Die Karikatur, die Merkel bei einem Staatsbesuch im Gespräch mit dem chinesischen Premier Li Keqiang zeigt, macht das Dilemma der deutschen Politik deutlich: China mit seiner trotz einiger Eintrübungen immer noch kraftvollen wirtschaftlichen Entwicklung ist für das Exportland Deutschland ein wichtiger **Handelspartner**. Das Grundgesetz, die UN-Menschenrechtserklärung und europäische Verträge verpflichten Deutschland jedoch zu einem Eintreten für die Menschenrechte. Trotz seiner wirtschaftlichen Öffnung nach Westen ist China weiterhin eine **Einparteien-Diktatur**. Die Anlässe zur Kritik sind vielfältig: Neben der Todesstrafe sind die beschränkte Meinungs- und Pressefreiheit, die damit verbundene Zensur nicht nur des Internets sowie der Umgang mit Dissidenten und Minderheiten (Beispiel: Tibet) zu nennen. Gleichzeitig reagiert die chinesische Führung auf Kritik und auf das Eintreten für Dissidenten wie etwa den Empfang des Dalai Lama ausgesprochen empfindlich.

Bezugnahme auf die Karikatur; Darlegung des Problems

Argument: Menschenrechtsverletzungen

Argument: Exportwirtschaft

Über Menschenrechte, das Schicksal von Dissidenten oder kritischen Künstlern wie AI Weiwei und andere kritische Themen möchte die chinesische Führung nicht in einen Dialog treten. Dagegen ist China an einer wirtschaftlichen Zusammenarbeit interessiert, aber auch hier gibt es Reizthemen (z. B. Klimaschutz und Urheberrecht). Gerade das Thema Menschenrechte führt auf chinesischer Seite immer wieder zu Reaktionen, die die deutsche Wirtschaft treffen. Wirtschaftswissenschaftler der Uni Göttingen meinen nachweisen zu können, dass in den zwei Jahren nach dem Empfang des Dalai Lama durch die deutsche Kanzlerin die deutschen **Exporte nach China** um etwa 8 % zurückgingen. Sollte die Bundesregierung also klar für die Einhaltung der Menschenrechte eintreten?

Sicherlich ist es richtig, dass die Bundesregierung eine große Verantwortung für die deutsche Wirtschaft und damit für den Erhalt von (heimischen) **Arbeitsplätzen** hat, und es wäre wünschenswert, dass die westlichen Staaten hier konsequent und gemeinsam agieren. Dann könnten China oder andere Länder, die die Menschenrechte missachten, die wirtschaftlichen Interessen dieser Staaten nicht gegeneinander ausspielen. Überhaupt kann man die Frage stellen, wie wirksam die teils nur der Form halber vorgetragenen Appelle zur Wahrung der Menschenrechte (wie in der Karikatur dargestellt) eigentlich sind.

Argument: Wirksamkeit

Und dennoch: Deutschland ist gleich mehrfach in der Pflicht, aktiv für die Einhaltung der Menschenrechte einzutreten. Neben der **historischen Verantwortung** sind das **Grundgesetz** und **internationale Menschenrechtskonventionen** bzw. -erklärungen, die Deutschland ratifiziert oder unterschrieben hat, ein klarer Auftrag und eine eindeutige Verpflichtung hierzu. Ähnlich wie in Umweltfragen wäre ein international abgestimmtes Vorgehen effizienter und wünschenswert. Die Signalwirkung eines gemeinsamen Handelns ist nicht zu unterschätzen. Der langfristige Nutzen ist zwar schwieriger zu messen als die kurzfristigen Kosten. Eine überzeugte und überzeugende, von den Menschenrechten geleitete Politik kann sich hiervon allerdings nicht beeindrucken lassen. Man kann nicht nur dann für Menschenrechte eintreten, wenn diese „umsonst" zu haben sind.

Fazit: moralische und internationale Verantwortung

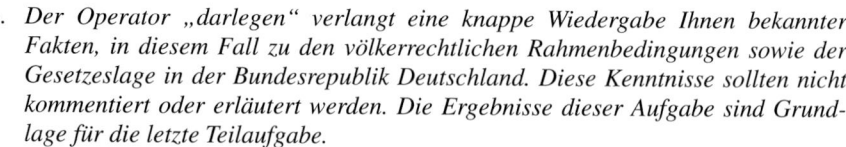

4. *Der Operator „darlegen" verlangt eine knappe Wiedergabe Ihnen bekannter Fakten, in diesem Fall zu den völkerrechtlichen Rahmenbedingungen sowie der Gesetzeslage in der Bundesrepublik Deutschland. Diese Kenntnisse sollten nicht kommentiert oder erläutert werden. Die Ergebnisse dieser Aufgabe sind Grundlage für die letzte Teilaufgabe.*

Neben dem **Grundgesetz** (Art. 1 Abs. 1 GG, Art. 104 Abs. 1 Satz 2 GG) verbieten die von Deutschland ratifizierte **UN-Erklärung der Menschenrechte** (Art. 5) und die unterzeichnete **Charta der Grundrechte der EU** (Art. 4) sowie die **Europäische Menschenrechtskonvention** (Art. 3) den Einsatz von Folter. Erkenntnisse, die mit illegalen Methoden beschafft wurden, dürfen in Strafprozessen nicht verwendet werden.

Auflistung der Rechtsgrundlagen

Folgerung

5. *Hier sollten Sie eine auf bestimmte in der Aufgabenstellung genannte Aspekte reduzierte Inhaltsangabe anfertigen. Die Aspekte sollten Sie in stark zusammenfassender Form und in eigenen Worten darstellen; eine Nacherzählung ist zu vermeiden. Im ersten Satz der Lösung, dem sogenannten Basissatz, nennen Sie alle wesentlichen Informationen zum Material (Autor, Titel, Erscheinungsdatum und Ort der Veröffentlichung), soweit diese zur Verfügung stehen.*

Ausgangspunkt für die am 1. 3. 2003 im Focus unter dem Titel „Über Folter nachdenken" dokumentierte Debatte ist der Fall des entführten Bankierssohns Jakob von Metzler.

Quellenangabe, Kurzzusammenfassung

Der die Ermittlungen leitende Frankfurter Vize-Polizeipräsident Daschner hatte dem dringend Tatverdächtigen Gäfgen große Schmerzen androhen lassen, um den Aufenthaltsort des entführten Kindes zu erfahren. Dies hatte er in der Absicht getan, das Leben des Jungen zu retten, und im vollen Bewusstsein, gegen geltendes Recht zu verstoßen. Über seine Anordnung hatte er zudem eine Aktennotiz anfertigen lassen (vgl. Z. 6 ff.).

Darstellung des Falls

Einzelne Polizisten und Juristen forderten vor dem Hintergrund dieses Falls, aber auch vor dem Hintergrund der seit dem 11. 9. 2001 im öffentlichen Bewusstsein präsenten Angst vor Terroranschlägen, in Extremsituationen das Folterverbot aufzuweichen. Zwei miteinander verwandte Argumente werden dabei angeführt: Neben der grundsätzlichen Überlegung, dass das Leben und die körperliche Unversehrtheit von Verbrechensopfern schützenswerter seien als die Rechtsgüter der Täter (vgl. Z. 18), spielt auch die Zahl der potenziell Betroffenen eine Rolle. So rechtfertige auch die Verhinderung eines Terroranschlags auf eine große Zahl von Menschen die Folterung einzelner Terroristen (vgl. Z. 20 ff.).

Einordnung der Argumente

6. *Bei dieser Teilaufgabe gibt es Spielraum für eine persönliche Meinung. Daher wird hier nur <u>eine</u> mögliche Lösung dargestellt. Vor dem Hintergrund der Festlegungen der genannten Rechtsgrundlagen (Teilaufgabe 4) und auch der Urteile des BVerfG oder des Europäischen Gerichtshofs für Menschenrechte, die das Folterverbot klar bestätigt haben, sollte Ihre Antwort über die im Artikel geäußerten Standpunkte hinausgehen.*

Der Gedanke einer bedingten Foltererlaubnis ist zunächst einmal menschlich nachvollziehbar: Es scheint um die Abwägung „Menschenrecht des Opfers auf Leben" gegen das „Menschenrecht des Täters auf körperliche Unversehrtheit" zu gehen. Da müsste es doch leicht sein, empathisch für das Leben, die körperliche Unversehrtheit und die Menschenwürde des Opfers einzutreten.

Argument pro Foltererlaubnis

Bei genauerem Hinsehen ergeben sich aber mehrere grundsätzliche Probleme: Eine solche **Aufwiegen von Menschenrechten** ist unzulässig. Dies hat das BVerfG mehrfach festgestellt, zuletzt beim Luftsicherheitsgesetz (2006). Dieser Punkt könnte, wenn auch vorschnell und ungerechtfertigt, noch als „rechtliche Spitzfindigkeit" abgetan werden – ein weiteres Problem dagegen wiegt schwerer.

Argumente kontra Foltererlaubnis

Die Befürworter der Folter gehen davon aus, dass man sicher sein könne, den Täter ergriffen zu haben, und es nicht, wie der Sprachgebrauch eigentlich vorsieht, mit einem „dringend Tatverdächtigen" zu tun habe. Alle Fälle, in denen **Zweifel an der Schuld** des Festgenommenen bleiben, werden hier konsequent absichtsvoll ausgeblendet. Die Arbeit der Strafverfolger muss jedoch immer diesem Zweifel Rechnung tragen. Es bleibt daher die Gefahr, dass Unschuldige gefoltert werden, deren Aussagen völlig wertlos sind und deren Menschenwürde ganz umsonst, d. h. ohne das Leben des Opfers zu retten, verletzt würde.

Schließlich bleibt das Argument des **Tabubruchs**. Das Folterverbot ist fest in unserem Rechtsstaat verankert und darf nicht aufgeweicht werden, weil zu befürchten steht, dass nach einer anfänglich stark beschränkten Anwendung diese höchst zweifelhafte Praxis ausgeweitet würde.

Insofern widerspreche ich Herrn Mackenroth: Es sind keine Fälle vorstellbar, in denen Folter oder deren Androhung erlaubt sein können. Der Vorsitzende des deutschen Richterbunds hat im Übrigen seine Aussagen später in diesem Sinne korrigiert.

Fazit

Checkliste

Aspekt	Ja	Teilweise	Nein	Weiß nicht
TEILAUFGABE 1				
Habe ich sechs Grundrechte angeführt und zwischen Abwehr- und Anspruchsrechten unterschieden?	☐	☐	☐	☐
Habe ich Abwehr- und Anspruchsrechte definiert, um die Unterschiede deutlich zu machen?	☐	☐	☐	☐

TEILAUFGABE 2

Habe ich die wesentlichen Informationen zur Karikatur zusammengefasst? (Erscheinungsdatum, Zeichner etc.) ☐ ☐ ☐ ☐

Bin ich auf alle Details im Bild eingegangen? ☐ ☐ ☐ ☐

Ist meine Beschreibung für eine Person nachvollziehbar, die die Karikatur nicht kennt? ☐ ☐ ☐ ☐

TEILAUFGABE 3

Habe ich meine Lösung an die Karikaturaussage angeknüpft? ☐ ☐ ☐ ☐

Habe ich Pro- und Kontra-Argumente gegenübergestellt und kriterienorientiert gegeneinander abgewogen? ☐ ☐ ☐ ☐

Folgt meine Lösung einem nachvollziehbaren Aufbau? ☐ ☐ ☐ ☐

Ist die Struktur meines Textes durch sprachliche Elemente für den Leser verständlich geworden? (z. B. Verwendung des Konjunktivs, strukturierende Begriffe wie „aber", „daher" ...) ☐ ☐ ☐ ☐

TEILAUFGABE 4

Habe ich alle relevanten Rechtsgrundlagen aufgeführt? ☐ ☐ ☐ ☐

Habe ich mich auf die Nennung beschränkt und von weiteren Erläuterungen oder Beispielen abgesehen? ☐ ☐ ☐ ☐

TEILAUFGABE 5

Habe ich die wesentlichen Informationen zum Text zusammengefasst? (Erscheinungsdatum, Autor etc.) ☐ ☐ ☐ ☐

Habe ich die relevanten Aspekte und Argumente aus dem Text herausgearbeitet? ☐ ☐ ☐ ☐

Habe ich die Textnachweise der genannten inhaltlichen Aspekte erbracht und – sofern verwendet – Zitate nachgewiesen? ☐ ☐ ☐ ☐

Habe ich sachlich formuliert und nicht persönlich Position bezogen? ☐ ☐ ☐ ☐

TEILAUFGABE 6

Habe ich meine Lösung an das Zitat angeknüpft? ☐ ☐ ☐ ☐

Habe ich Pro- und Kontra-Argumente gegenübergestellt und kriterienorientiert gegeneinander abgewogen? ☐ ☐ ☐ ☐

Konnte ich mein gelerntes Wissen durch sinnvolle Verknüpfung mit dem Zitat zur Geltung bringen? ☐ ☐ ☐ ☐

Habe ich das Ergebnis meiner Überprüfung knapp zusammengefasst? ☐ ☐ ☐ ☐

Folgt meine Lösung einem nachvollziehbaren Aufbau? ☐ ☐ ☐ ☐

Thema: *Gesellschaftlicher Wandel, Individualisierung*
Dauer: *60 Minuten*

Aufgabenstellung

1. Fassen Sie eines der im Unterricht behandelten Modelle zur Beschreibung der bundesrepublikanischen Gesellschaft knapp zusammen.

2. Analysieren Sie die Karikatur, indem Sie sie beschreiben und die Aussage des Karikaturisten herausarbeiten.

3. Diskutieren Sie, inwieweit es sich bei Conrads Karikatur um eine zutreffende Beschreibung gegenwärtiger gesellschaftlicher Trends handelt.

M: Paul Conrad, 1978

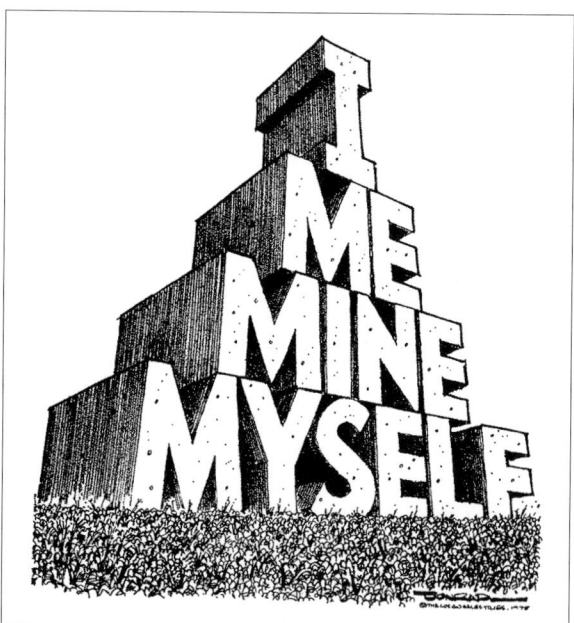

Paul Conrad, Los Angeles Times, 1. 12. 1978. Used with permission of the Conrad Estate

Gewichtung der Teilaufgaben: 33 % : 33 % : 33 %

Lösungsvorschläge

1. *In dieser Teilaufgabe wird von Ihnen verlangt, eines der Modelle zur Beschreibung der bundesrepublikanischen Gesellschaft in seinen Grundzügen darzustellen. Ob Sie dabei auf Gerhard Schulzes „Erlebnisgesellschaft", auf Ulrich Becks „Individualisierungsthese" oder ein anderes Modell eingehen, bleibt Ihnen überlassen. Wichtig ist, dass Sie sich auf die reine Wiedergabe des gewählten Modells beschränken und sich eines eigenen Urteils enthalten.*

In seiner „Individualisierungsthese" vertritt der Soziologe Ulrich Beck die Ansicht, dass sich in der modernen Gesellschaft traditionelle Großgruppen- oder Klassenmilieus immer mehr auflösen oder zumindest an Bedeutung verlieren. Durch die **„nachlassende Bindungskraft"** klassischer vormoderner Institutionen wie Familie und Kirche wachse auch der **Verantwortungszwang** für die Individuen. Da ihnen heute niemand mehr vorschreibe, wie sie ihr Leben zu führen haben, müssten sie ihre Biografien nun selbst gestalten. Standardisierte Lebensläufe, staatlich verordnete **„Normalbiografien"**, verbindliche Orientierungsrahmen, die feste Zugehörigkeit zu einer Gemeinschaft von Geburt an, die Betonung der **Tradition**: Das alles seien heute Auslaufmodelle. Der Mensch von heute könne treffender als **„homo optionis"** bezeichnet werden, als ein Mensch, der sich sein Leben in Form einer **„Bastelbiografie"** selbst „zusammensetzt", sich für oder gegen Familie, einen bestimmten Beruf oder die Zugehörigkeit zu Institutionen wie Kirchen, Parteien oder Vereinen entscheidet.

Kernpunkte der „Individualisierungsthese"

Diese **Pluralisierung von Lebenswelten** hat laut Beck sowohl gute als auch schlechte Seiten. Die vielen Optionen ermöglichen ein Leben in vollkommener Freiheit und **Selbstentfaltung**. Insbesondere für die Frauen, die jahrhundertelang ein Leben v. a. für andere (den Ehemann, die Kinder, die Eltern) geführt hatten, habe die Emanzipation die große Chance auf ein selbstbestimmtes Leben gebracht. Allerdings führe diese Entwicklung zu neuen Problemen, die unter den Stichworten „Zerfall der Sinnwelten" und „Entscheidungszumutungen" subsumiert werden können. So weist Ulrich Beck darauf hin, dass der Trend zur „Wahlbiografie" durchaus neue Risiken mit sich bringe. Er spricht in diesem Zusammenhang von „Drahtseil- und Bruchbiografien", denn alles sei heute „entscheidbar", um alles müsse man sich selbst bemühen. Auch sei die Teilhabe an der „schönen neuen individualisierten Welt" an bestimmte **Voraussetzungen** wie z. B. Bildung und das Vorhandensein finanzieller Mittel gebunden.

Bewertung durch Beck

2. Hier sollen Sie die Karikatur genau beschreiben, um auf dieser Basis die Aussage bzw. Kritik des Zeichners herauszuarbeiten.

Die vorliegende Karikatur stammt von dem amerikanischen Zeichner Paul Conrad und wurde am 1. 12. 1978 in der Los Angeles Times veröffentlicht. Sie befasst sich kritisch mit der **fortschreitenden Individualisierung** in modernen westlichen Gesellschaften.

Quellenangabe, Kernaussage

Im Zentrum der Karikatur steht ein gigantisches pyramidenartiges Monument, welches aus einzelnen Buchstaben erbaut wurde. Die riesigen Lettern fügen sich dabei zu den Worten „I, me, mine und myself" zusammen. Am Fuße der Pyramide sind tausende kleiner Punkte zu sehen, die bei genauerem Hinsehen als Menschen zu erkennen sind. Einige von ihnen scheinen jubelnd die Arme in die Höhe zu recken.

Karikatur-beschreibung

Conrad thematisiert und kritisiert mit seiner Zeichnung die moderne „**Ego-Gesellschaft**", in der nicht mehr Gemeinsamkeit, Familie und Solidarität mit anderen, sondern einzig und allein das „Ich" im Mittelpunkt stünde. Diese Ich-Bezogenheit im Zeitalter der Individualisierung hat nach Ansicht Conrads mittlerweile groteske Züge angenommen: Die Menschen **vergötterten die eigene Person** geradezu und beteten das neue Leitbild an wie einst die Ägypter ihre Pharaonen oder die Azteken und Maya ihre Götter (vgl. den pyramidenartigen Bau). Der Egoismus scheint sich nach Ansicht Conrads zu einem **Massenphänomen** entwickelt zu haben (vgl. die riesige Menschenmenge).

Karikaturaussage

3. Die dritte Teilaufgabe erfordert eine differenzierte Auseinandersetzung mit der Kritik des Zeichners an den „Auswüchsen" der Individualisierung. Dies verlangt von Ihnen ein faires Abwägen der Argumente, die für bzw. gegen Conrads Sichtweise sprechen. Möglich sind dabei ebenso Verweise auf das in der ersten Teillösung gewählte oder auf ein anderes soziologisches Modell zur Beschreibung der deutschen Gesellschaft. Unabhängig davon, ob Sie Conrads These zustimmen oder nicht, ist es wichtig, dass Ihre Argumentation nachvollziehbar und Ihr Fazit gut begründet ist.

Conrad spricht mit seiner Karikatur eine äußerst **bedenkliche gesellschaftliche Entwicklung** an. Eine Welt, in der jeder nur noch an sich selbst und an seinen eigenen Vorteil denkt, wäre in der Tat eine schreckliche Welt. Doch trifft Conrads Kritik tatsächlich zu? Kann man von einem Trend zur Ego-Gesellschaft sprechen? Ist unsoziales Verhalten wirklich zum Massenphänomen geworden?

Bezugnahme auf Conrad

Eine Reihe von Fakten deutet darauf hin, dass Conrads Darstellung der gesellschaftlichen Entwicklung westlicher Industriestaaten wie Deutschlands und der USA durchaus seine Berechtigung hat. Soziologen wie **Beck** und **Schulze** haben gezeigt, wie das Streben nach individueller Freiheit und Selbstentfaltung in den letzten Jahrzehnten deutlich zugenommen hat. Dabei weisen sie jedoch darauf hin, dass dies neben neuen Risiken und Herausforderungen auch neue Chancen mit sich bringt.

Vergleich mit soziologischen Theorien

Demgegenüber betont Conrad die negativen Seiten dieser Entwicklung, indem er den Trend zur Individualisierung zuvorderst als Trend zu einer hedonistischen Ego-Gesellschaft darstellt. Auch wenn mit Blick etwa auf die Party- und Discokultur (Stichwort „Ballermann") oder die zunehmende Popularität von Extremsportarten tatsächlich von der deutschen Gesellschaft als einer „**Erlebnisgesellschaft**" gesprochen werden kann, sollte man sich vor einer rein negativen Interpretation der gegenwärtigen Individualisierungstendenzen hüten.

Auseinandersetzung mit Conrads Aussage: Pro-Argumente

So zeigen jüngste Ergebnisse der Shell-Jugendstudie, dass ein Großteil der Heranwachsenden durchaus **traditionelle Werte** wie Familie, Freundschaft und Verantwortung für sehr wichtig erachtet. Conrads alarmistische Warnungen vor einer zunehmend egoistischer und hedonistischer werdenden Welt scheinen also überzogen. Statistiken zeigen, dass sich viele Deutsche **ehrenamtlich engagieren:** Sie lesen Kindern im Hort vor, trainieren Jugendliche in Sportvereinen, sind Mitglied beim Roten Kreuz oder in der Freiwilligen Feuerwehr und kümmern sich in ihrer Freizeit um Alte und Behinderte. Ferner erlebt das Ehrenamt in Anbetracht der Flüchtlingskrise einen starken Zuwachs. Diese Leistungen dürfen nicht geringgeschätzt werden. Schließlich: Dass die weibliche Bevölkerung nach Jahrhunderten der Unterdrückung heute darauf pocht, neben Familie und Haushalt auch das Recht auf einen Beruf, auf eigene Interessen und Hobbys zu haben, ist weniger eine Bedrohung der Gesellschaft als schlicht eine **Frage der Gerechtigkeit**.

Kontra-Argumente

Zusammenfassend lässt sich also sagen, dass Conrads Bild der modernen Gesellschaft auf einen gewissen **Teil der Bevölkerung** zutrifft, dass diese Hedonisten aber gleichzeitig weit davon entfernt sind, der **Gesellschaft als Ganzes** ihre Lebenseinstellung aufzuzwingen. Es ist nicht abzusehen, dass Werte wie Familie, Freundschaft und „Für-einander-da-sein" völlig verschwinden.

Fazit

Checkliste

Aspekt	Ja	Teil-weise	Nein	Weiß nicht
TEILAUFGABE 1				
Habe ich das dargestellte Modell explizit benannt?	☐	☐	☐	☐
Habe ich alle wesentlichen Aspekte dieses Modells knapp aufgeführt?	☐	☐	☐	☐
Ist meine Zusammenfassung für eine Person nachvoll-ziehbar, die das Modell nicht kennt?	☐	☐	☐	☐
Habe ich relevante Fachbegriffe richtig verwendet?	☐	☐	☐	☐
Habe ich sachlich formuliert und nicht persönlich Position bezogen?	☐	☐	☐	☐
TEILAUFGABE 2				
Habe ich die wesentlichen Informationen zur Karikatur zusammengefasst? (Erscheinungsdatum, Zeichner etc.)	☐	☐	☐	☐
Bin ich auf alle Details im Bild eingegangen?	☐	☐	☐	☐
Ist meine Beschreibung für eine Person nachvollziehbar, die die Karikatur nicht kennt?	☐	☐	☐	☐
Habe ich die Aussage und die Intention des Karikaturisten herausgestellt?	☐	☐	☐	☐
Folgt meine Analyse einem nachvollziehbaren Aufbau?	☐	☐	☐	☐
TEILAUFGABE 3				
Habe ich meine Lösung an Aspekte der Karikatur angeknüpft?	☐	☐	☐	☐
Habe ich auf die aktuelle Situation Bezug genommen?	☐	☐	☐	☐
Habe ich Pro- und Kontra-Argumente gegenübergestellt und kriterienorientiert gegeneinander abgewogen?	☐	☐	☐	☐
Konnte ich mein gelerntes Wissen durch sinnvolle Verknüpfung mit der Karikaturaussage zur Geltung bringen?	☐	☐	☐	☐
Folgt meine Diskussion dem Aufbau „Einleitung – Argumentation – Fazit"?	☐	☐	☐	☐
Ist die Struktur meines Textes durch sprachliche Elemente für den Leser verständlich geworden? (z. B. Verwendung des Konjunktivs, strukturierende Begriffe wie „aber", „daher" ...)	☐	☐	☐	☐

Thema: *Gesellschaftlicher Wandel, Arbeitswelt*
Dauer: *90 Minuten*

Aufgabenstellung

1. Stellen Sie wesentliche Veränderungen der Wirtschafts- und Arbeitswelt in den letzten 200 bis 250 Jahren in Grundzügen dar.

2. Analysieren Sie die abgebildete Karikatur, indem Sie sie beschreiben und die Aussage des Karikaturisten herausarbeiten.

3. Überprüfen Sie die Aussage des Karikaturisten in Bezug auf die aktuelle Arbeitsmarktsituation in Deutschland.

M: Zumutbar

Peter Leger (Künstler), Haus der Geschichte, Bonn; aus: Fachzeitschrift „Metall", ohne Jahr; in: Udo Achten (Hrsg.), Moment mal … Zeichnungen von Peter Leger, Frankfurt a. M. 1997, S. 53.

Gewichtung der Teilaufgaben: 30 % : 30 % : 40 %

Lösungsvorschläge

 1. *In dieser Aufgabe sollen Sie Ihr Wissen über die Industrielle Revolution, den Strukturwandel sowie die Auswirkungen dieser Veränderungen auf den Arbeitsmarkt zusammenhängend darstellen.*

Die Industrielle Revolution gilt als wichtigster Einschnitt in die Geschichte der Menschheit. Seit der Sesshaftwerdung des Menschen, dem Übergang vom Jäger und Sammler zu Ackerbau und Viehzucht, gab es keine vergleichbare Entwicklung, welche das Leben auf der Erde so fundamental verändert hätte. *(historische Einordnung der Industriellen Revolution)*

Der eigentliche Auslöser der Industrialisierung war die Ersetzung menschlicher und tierischer Arbeitskraft durch die **Nutzung fossiler Energie**. Die Erfindung der mit Kohle befeuerten Dampfmaschine 1769 läutete so ein neues Zeitalter ein. Während in den Jahrhunderten zuvor ein weitgehend konstanter Anteil von 80–90 % der Bevölkerung in der Landwirtschaft beschäftigt war und sich mit Mühe und Not selbst ernähren konnte, stieg die bäuerliche Produktivität im Zuge der Industriellen Revolution immer stärker an. Viele der dadurch arbeitslos gewordenen Landarbeiter fanden in der aufkeimenden Industrie eine neue Beschäftigung. In der Folge wandelten sich die Agrargesellschaften des Mittelalters und der Frühen Neuzeit langsam zu modernen **Industriegesellschaften.** *(Merkmale der Industrialisierung)*

Die zurückgehende Bedeutung des **primären Sektors** in Bezug auf Beschäftigung ist ein Trend, der bis zum heutigen Tag anhält. Nach langer Expansion geht seit einigen Jahrzehnten aber auch der Anteil der Beschäftigten im industriellen Sektor in vielen Industriestaaten zurück, während der **Dienstleistungssektor** stark zunimmt (Tertiarisierung). Schrittmacher dieser Entwicklung waren insbesondere Großbritannien und die USA. In Deutschland zeichnet sich ein solcher Trend ebenso ab, wenn hier auch der Anteil des industriellen Sektors weiterhin einen erheblichen Teil der Wertschöpfung ausmacht. *(Tertiarisierung)*

Dieser neue Strukturwandel, der Übergang von der Industrie- zur Dienstleistungsgesellschaft wurde durch die zunehmende **Automatisierung** seit den 1970er-Jahren weiter verstärkt. Immer mehr Industriearbeitsplätze gingen verloren, die Beschäftigten wurden durch Maschinen ersetzt. Verschärft hat sich diese Entwicklung noch durch die seit den 1990er-Jahren an Fahrt aufnehmende **Globalisierung**. Seitdem müssen die „alten" Industriestaaten zunehmend mit der Konkurrenz aus Billiglohnländern in Osteuropa und Asien rechnen. *(erneuter Strukturwandel)*

36

Alle diese Trends haben Auswirkungen auf die Beschäftigten auch in Deutschland. Die **Flexibilitätsanforderungen** steigen. Die Wahrscheinlichkeit, ein Leben lang die gleiche Tätigkeit am gleichen Ort auszuführen, sinkt. Berufs- und Wohnortwechsel nehmen zu. Da die Arbeitsplatzverluste im industriellen Sektor nur teilweise durch die Schaffung neuer Jobs im tertiären Sektor ausgeglichen werden konnten, stieg die **Erwerbslosigkeit** in fast allen Industriestaaten seit den 1970er-Jahren – abgesehen von kurzen Erholungsphasen – kontinuierlich an. In Deutschland ist in den letzten Jahren eine leichte Verbesserung der Zahlen zu beobachten.

Auswirkungen des Wandels

Hohe Erwerbslosigkeit erhöht den Druck auf die arbeitende Bevölkerung und zwingt sie, „flexibler" zu werden. So verlangen die Behörden im Falle von **Arbeitslosigkeit**, auch eine – im Vergleich zur vorherigen Arbeitsstelle – schlechter bezahlte Tätigkeit an einem weiter entfernten Ort anzunehmen. Ein weiterer Faktor ist, dass das klassische Normalarbeitsverhältnis auf dem Rückzug ist, obwohl sich die Lage auf dem Arbeitsmarkt in Deutschland in den letzten Jahren stark verbessert hat. So nimmt die Zahl der **befristeten Zeitverträge**, der Minijobber und der (Schein-)Selbstständigen weiterhin zu. Der Scheinselbstständigkeit versucht man deshalb mit verschärften Gesetzen entgegenzuwirken. Manche Forscher bezeichnen die heutige Generation junger Menschen als „Generation Praktikum", welcher lediglich prekäre Beschäftigungsverhältnisse offeriert würden. Gleichzeitig steigen vielfach die Anforderungen: Angesichts einer stärker werdenden internationalen Konkurrenz sowie der Entwicklung zur Wissensgesellschaft wächst die Bedeutung von Weiterbildung und **lebenslangem Lernen**. Bereits Schüler spüren den Druck, einen möglichst hohen Schulabschluss erreichen zu müssen.

Folgen für den Einzelnen

Von den neuen Flexibilitätsanforderungen ist besonders die Dienstleistungsbranche betroffen. Im Unterschied zum industriellen Sektor sind die Arbeitszeiten hier weniger klar geregelt; Überstunden, Arbeiten am Wochenende oder am Abend kommen relativ häufig vor. Die neuen **Kommunikationstechnologien** ermöglichen zwar einerseits neue Arbeitsformen wie die Heimarbeit, welche eine bessere Vereinbarkeit von Familie und Beruf versprechen, verlangen andererseits von den Beschäftigten aber oft auch eine ständige Erreichbarkeit. Damit verschwindet eine klare **Unterscheidung zwischen Arbeit und Freizeit**.

besondere Auswirkungen in der Dienstleistungsbranche

2. *Hier sollen Sie die Karikatur genau beschreiben, um auf dieser Basis die Aussage bzw. Kritik des Zeichners herauszuarbeiten.*

Die vorliegende Karikatur, welche den Titel „Zumutbar" trägt, stammt von Peter Leger. Veröffentlicht wurde sie in der Zeitschrift „Metall", wobei der genaue Zeitpunkt der Veröffentlichung unklar ist. Er muss jedoch vor dem Jahr 1997 liegen. [Quellenangabe]

Im Mittelpunkt der Karikatur steht ein Bauwagen. Dieser hat zwei Fenster mit Vorhängen sowie ein Ofenrohr. Der Wagen ist mit den Worten „Mobiler Arbeitnehmer sucht Job" beschrieben und ist im Vergleich zu realen Bauwagen sehr klein. Gezogen wird er von einem Fahrrad, wobei der Radfahrer einfache Kleidung und die Mütze eines Arbeiters trägt. Rad und Bauwagen sind mit einer dünnen Schnur verbunden. [Karikaturbeschreibung]

Peter Leger thematisiert in dieser Zeichnung die gestiegenen **Flexibilitätsanforderungen** moderner Volkswirtschaften. [Karikaturaussage]

Die Zeiten, in denen Arbeitnehmer ihr ganzes Leben lang in einem einzigen Beruf bei einem einzigen Unternehmen an einem einzigen Ort gearbeitet haben, scheinen unwiederbringlich vorbei zu sein. Teilweise bevorzugen Arbeitnehmer heute selbst Jobs, die ihnen eine größere Mobilität und Flexibilität bieten, doch in den meisten Fällen verlangen die Arbeitgeber – bzw. verlangt der globale Konkurrenzdruck – dies von den Beschäftigten. Hierbei kann es sich um **zeitliche Flexibilität** (Arbeit außerhalb der klassischen Arbeitszeit zwischen 8 und 17 Uhr), ständige Erreichbarkeit über Handy und E-Mail oder **räumliche Flexibilität** (dauerhafte oder zeitweise Versetzung an andere Standorte des Unternehmens – im Zuge der Globalisierung zunehmend auch weltweit) handeln. [Gegenstand der Kritik des Karikaturisten]

Peter Leger äußert deutliche **Kritik an dieser Entwicklung** und hält die Flexibilitäts- und Mobilitätsanforderungen an Arbeitnehmer für unangemessen. Gleichzeitig weist er auf die **negativen Folgen** dieser Entwicklung hin. Das Bild des Rad fahrenden Arbeiters, der in einem winzigen Bauwagen wohnt und wie ein Tagelöhner von Stadt zu Stadt und von Job zu Job zieht, ist dabei bewusst überzogen dargestellt: Die Zuspitzung soll ein **Bewusstsein** für die Problematik schaffen und die Verantwortlichen zum **Umdenken** bewegen. [Art der Kritik, Intention des Karikaturisten]

3. *Sie sollen untersuchen, inwieweit Legers Kritik ihre Berechtigung hat. Bevor Sie zu einem Fazit kommen, sollte das Ausmaß der aktuellen Flexibilitätsanforderungen – auch anhand von aussagekräftigen Beispielen – dargestellt werden. Des Weiteren sollten ethisch-moralische Fragen untersucht sowie die Vor- und Nachteile einer flexiblen Arbeitnehmerschaft herausgearbeitet werden.*

Seit dem Beginn der zunehmenden Automatisierung von Ferti-
gungsprozessen in den 1970er-Jahren werden v. a. vonseiten der
Arbeitgeberverbände immer wieder Forderungen nach mehr
Flexibilität der Beschäftigten im industriellen Sektor vorge-
bracht. Mit dem Einzug des digitalen Zeitalters gilt dies verstärkt auch für die Dienstleistungsbranche. Inwiefern sind diese
Forderungen berechtigt? Sind sie moralisch vertretbar? Und
welche Folgen hat eine höhere Flexibilität der Arbeitnehmer für
die Betroffenen sowie für die deutsche Gesellschaft insgesamt?

Unzweifelhaft verlangt ein höheres Maß an Flexibilität den Arbeitnehmern einiges ab. Negative Begleiterscheinungen dieses
neuen Trends auf dem Arbeitsmarkt sind u. a. eine erhöhte **Unsicherheit** der Beschäftigten, Angst vor dem Arbeitsplatzverlust
und gestiegene **Anforderungen**. Denkt man etwa an die ständige Erreichbarkeit von Mitarbeitern über Handy und E-Mail,
ist Flexibilität in manchen Fällen lediglich ein Euphemismus
für mehr Arbeit bei gleichem Geld.

Durch Zeiten hoher Arbeitslosigkeit geprägt sehen sich die Arbeitnehmer häufig dazu gezwungen, sich den Wünschen des
Arbeitgebers nach mehr Flexibilität zu beugen. Sind diese
Forderungen also eine „Erpressung" der Beschäftigten, die auf
eine Maximierung der Unternehmensgewinne hinausläuft?
Oder geht es den Firmen lediglich darum, das eigene Unternehmen krisenfest zu machen bzw. zu erhalten?

Diese Fragen lassen sich letztendlich nur für jedes Unternehmen einzeln beantworten. Insbesondere der Abbau von Han-
delsbarrieren im Zuge der **Globalisierung** hat jedoch dazu
geführt, dass deutsche Unternehmen heute direkt mit Unternehmen etwa in China, Polen oder Bangladesch konkurrieren.
Abgesehen von einigen Global Players, stehen viele deutsche
Firmen heute unter einem enormen Druck der ausländischen
Konkurrenz. Will man im internationalen **Standortwettbewerb**
nicht zurückfallen, scheint eine gewisse Flexibilität auch aufseiten der Arbeitnehmer unvermeidbar.

Wenn die Angst vor dem Arbeitsplatzverlust, häufige Jobwech-
sel und dadurch bedingte Umzüge allerdings dazu führen, dass
sich immer weniger junge Menschen für Kinder entscheiden, ist
volkswirtschaftlich gesehen das Gegenteil von dem erreicht,
was sich Unternehmen und Staat durch eine höhere Flexibilität
von Arbeitnehmern erhoffen. Zwar ist in den letzten Jahren in
Deutschland eine leicht steigende Geburtenrate zu verzeichnen,
allerdings liegt diese immer noch weit hinter den Zahlen Mitte
der 1900er-Jahre zurück.

Der Ruf nach mehr Flexibilität betrifft nicht nur Arbeiter und
Angestellte, sondern auch Arbeitslose. So fordert die **Bundes-**

agentur für Arbeit – insbesondere seit der Verabschiedung der **Agenda 2010** – von den Erwerbslosen unter dem Schlagwort vom „fördern und fordern" deutlich mehr Flexibilität auch im Sinne räumlicher Mobilität. Dies umfasst etwa die Bereitschaft, einen anderen als den erlernten Beruf anzunehmen, eine schlechter bezahlte Stelle zu akzeptieren oder für einen neuen Job umzuziehen. Handelt es sich dabei um reine Schikane?

Eine Ausweitung der Zumutbarkeitsregelungen, sprich: mehr Flexibilität, schien im Zuge der hohen Arbeitslosigkeit Anfang der 2000er unausweichlich, um das Problem in den Griff zu bekommen. Und auch heute machen diese Ausweitungen Sinn, wenn die Arbeitslosigkeit weiter gesenkt werden soll, denn die Arbeitsplätze in Deutschland sind nicht nur regional zwischen strukturschwachen und prosperierenden Regionen ungleich verteilt. Der **Strukturwandel**, wie z. B. im Bereich der Kohle- und Stahlindustrie, zeigt zudem, dass Arbeitslose in bestimmten Branchen kaum noch vermittelbar sind. Hier sind also Umschulungen und Fortbildungen notwendig. Sicherlich ist dies gerade für einen älteren Arbeitslosen eine große Herausforderung. Dies sollte den Erwerbslosen aber dennoch, auch in ihrem eigenen Interesse, zugemutet werden, denn die Alternative hieße in vielen Fällen **lebenslange Arbeitslosigkeit**, welche – das zeigen zahlreiche Untersuchungen – oft mit schweren psychischen und physischen Folgen einhergeht.

volkswirtschaftliche Gründe für mehr Flexibilität

Bei allem Verständnis für die Kritik von Leger und anderen gewerkschaftsnahen Publizisten und Politikern an den „Auswüchsen" der Flexibilitätsforderungen dürfen **ökonomische Grundsätze** nicht außer Acht gelassen werden. Wenn Unternehmen aufgrund mangelnder Flexibilität ihrer Mitarbeiter nicht mehr **wettbewerbsfähig** sind und Beschäftigte entlassen müssen, hat das Auswirkungen auf die gesamte Gesellschaft: Dem Unternehmen droht die Insolvenz; der Arbeitnehmer wird arbeitslos; der Staat nimmt weniger Steuern ein und gibt mehr für die Unterstützung der Arbeitslosen aus; die Bevölkerung insgesamt muss diese Kosten durch höhere Steuern und Abgaben ausgleichen. Allerdings darf die Forderung nach Flexibilität nicht zu **Ausbeutung** führen.

eingeschränkte Zustimmung zur Karikaturaussage

Für **Gewerkschaften, Politik, Medien** und **Öffentlichkeit** heißt es hier, wachsam zu sein und im Einzelfall entsprechend zu reagieren. Ihnen fällt es zu, auf das Problem aufmerksam machen. Es darf nicht sein, dass ein Unternehmen seine Mitarbeiter ohne wirtschaftliche Not „erpresst". Dabei fällt auch den **Konsumenten** eine wichtige Rolle zu: Sie könnten Unternehmen etwa durch einen Käuferstreik zwingen, ihre Strategie zu ändern und die Beschäftigten ordentlich zu behandeln.

Appell

40

Checkliste

Aspekt	Ja	Teil-weise	Nein	Weiß nicht
TEILAUFGABE 1				
Habe ich wesentliche Aspekte des Strukturwandels knapp dargelegt und dabei eigene Schwerpunkte gesetzt und kenntlich gemacht?	☐	☐	☐	☐
Folgt meine Darstellung einem nachvollziehbaren Aufbau?	☐	☐	☐	☐
Habe ich relevante Fachbegriffe richtig verwendet?	☐	☐	☐	☐
Habe ich sachlich formuliert und nicht persönlich Position bezogen?	☐	☐	☐	☐
TEILAUFGABE 2				
Habe ich die wesentlichen Informationen zur Karikatur zusammengefasst? (Erscheinungsdatum, Zeichner etc.)	☐	☐	☐	☐
Bin ich auf alle Details im Bild eingegangen?	☐	☐	☐	☐
Ist meine Beschreibung für eine Person nachvollziehbar, die die Karikatur nicht kennt?	☐	☐	☐	☐
Habe ich die Aussage und die Intention des Karikaturisten herausgestellt?	☐	☐	☐	☐
Folgt meine Analyse einem nachvollziehbaren Aufbau?	☐	☐	☐	☐
TEILAUFGABE 3				
Habe ich meine Lösung an die Karikaturaussage angeknüpft?	☐	☐	☐	☐
Habe ich auf die aktuelle Situation Bezug genommen?	☐	☐	☐	☐
Habe ich die Karikaturaussage aus verschiedenen Blickwinkeln kontrovers beleuchtet?	☐	☐	☐	☐
Konnte ich mein gelerntes Wissen durch sinnvolle Verknüpfung mit der Karikaturaussage zur Geltung bringen?	☐	☐	☐	☐
Habe ich das Ergebnis meiner Überprüfung knapp zusammengefasst?	☐	☐	☐	☐
Ist die Struktur meines Textes durch sprachliche Elemente für den Leser verständlich geworden? (z. B. Verwendung des Konjunktivs, strukturierende Begriffe wie „aber", „daher" ...)	☐	☐	☐	☐

Thema: *Gruppensoziologie*
Dauer: *90 Minuten*

Aufgabenstellung

1. Stellen Sie die Merkmale sozialer Gruppen dar. Gehen Sie in diesem Zusammenhang auch auf die Besonderheiten des Teambegriffs ein.

2. Analysieren Sie den Textauszug „Faulenzen in der Gruppe" in Bezug auf die von den Autoren genannten Probleme der Teamarbeit.

3. „Da Teams in heutigen Betrieben eine allgegenwärtige Form der Zusammenarbeit darstellen [...], ist es dringend geboten, danach zu fragen, ob diese Arbeitsform stets vorteilhaft ist [...]." (Z. 22 ff.)
   Erörtern Sie dieses Zitat aus dem Text, indem Sie jeweils mindestens zwei Vor- und Nachteile der Teamarbeit benennen.

M: Faulenzen in der Gruppe

Das Wort „Drückeberger" hat in unserer Sprache keinen guten Klang. Meist wird es Arbeitsunwilligen oder vermeintlichen Simulanten ans Revers geheftet. Faulenzen am Arbeitsplatz, Leistungszurückhaltung oder die Nutzung von Arbeitszeit zu privaten Zwecken sind jedoch weit verbreitet. Nicht so bekannt ist die allgemeine mensch-
5 liche Tendenz, sich in Gruppen weniger anzustrengen. Sobald der Einzelne nicht mehr allein für sich arbeitet, sondern mit und für andere innerhalb eines Teams, sinkt unter Umständen sein Leistungsniveau.

Schon vor hundert Jahren konnte der französische Agraringenieur Max Ringelmann in einem Experiment mit Studenten nachweisen, dass Einzelpersonen im Grup-
10 penzusammenhang eine niedrigere Leistung an den Tag legen. Die Teilnehmer sollten in dieser Versuchsreihe an einem Tau ziehen, allein und als Gruppe. Je größer dabei die Gruppe wurde, desto weniger Kraft wandten die Teilnehmer auf. Dieser Effekt der Leistungsdegression wird seitdem als Ringelmann-Effekt bezeichnet.

Die amerikanischen Psychologen Bibb Latané, Kipling Williams und Stephen
15 Harkins haben für dieses Phänomen 1979 den Begriff des „Social Loafing" geprägt, was zu Deutsch so viel heißt wie Bummeln oder Faulenzen in der Gruppe. Der Einzelne segelt im Wind, den andere erzeugen. Dahinter muss nicht immer eine böse Absicht im Sinne eines Trittbrettfahrerverhaltens stecken. Allein der Umstand, zu glauben, die eigene Leistung sei nicht messbar und gehe in der Gesamtleistung der
20 Gruppe auf oder unter, kann eine unbewusste individuelle Leistungsminderung zur Folge haben.

Da Teams in heutigen Betrieben eine allgegenwärtige Form der Zusammenarbeit darstellen und dabei in ganz unterschiedlichen Bereichen zum Einsatz kommen, ist es dringend geboten, danach zu fragen, ob diese Arbeitsform stets vorteilhaft ist; Team-
25 arbeit sollte also nicht unkritisch und blauäugig als gegenüber der Einzelarbeit über-legen eingestuft werden. Vielmehr ist in einer nüchternen Analyse zu klären, wie sich Teamarbeit so gestalten lässt, dass eine Leistungsverschlechterung gegenüber Einzel-arbeit vermieden werden kann. Die vorwiegend sozialpsychologisch ausgerichtete Teamforschung hat hierbei bestimmte Faktoren identifiziert, die das Auftreten von
30 Social Loafing begünstigen.

Noch auf Ringelmann gehen die beiden Faktoren „Gruppengröße" und „Art der Aufgabe" zurück. Je größer die Gruppe wird, desto tendenziell wahrscheinlicher wird eine Absenkung der individuellen Leistung. Dies hängt schlicht damit zusammen, dass Einzelbeiträge relativ zur Gesamtleistung an Bedeutung verlieren. Zugleich
35 sinkt der Zusammenhalt innerhalb der Gruppe, da weniger Kontakte zwischen den Teammitgliedern möglich sind [...]. Insgesamt sollten Teams daher so klein wie mög-lich gehalten werden, das heißt etwa fünf bis zehn Mitglieder umfassen. Die optimale Gruppengröße hängt aber auch vom jeweiligen Schwierigkeitsgrad und von der Ähn-lichkeit der bearbeiteten Teilaufgaben ab [...].
40 Durch die Herstellung eines vertrauensvollen Arbeitsklimas, in dem der Vorge-setzte die an das Team gerichteten Leistungserwartungen durch eigenes Verhalten selbst vorlebt, und mit Hilfe regelmäßiger Leistungskontrollen kann Social Loafing weitgehend beherrscht werden. Im Alltag zeigt sich nicht selten auch die umgekehrte Tendenz: Der Gruppendruck auf leistungsschwache Teammitglieder kann derart stark
45 sein, dass diese am Ende gar herausgemobbt werden.

Teams können also in zwei Richtungen in eine Leistungsfalle tappen: indem sie zu wenig leisten, also bummeln, oder indem sie von ihren Mitgliedern zu viel Leis-tung einfordern. Beides hat negative Konsequenzen. Sich in der „Hängematte Team" auszuruhen geht auf Kosten der anderen; sich in der „Konformitätspresse Team" aus-
50 zubeuten geht auf Kosten der eigenen Gesundheit.

Dietrich von der Oelsnitz/Michael Busch, Faulenzen in der Gruppe, in: Frankfurter Allgemeine Zeitung vom 7. 4. 2008 (Nr. 81), S. 24

Anmerkung
Dietrich von der Oelsnitz ist Professor für Unternehmensführung an der Technischen Universität Braunschweig. Michael Busch ist sein wissenschaftlicher Assistent.

Gewichtung der Teilaufgaben: 25 % : 45 % : 30 %

Lösungsvorschläge

1. *Der Operator „darstellen" verlangt in dieser Aufgabe, dass Sie die Ihnen bekannten Merkmale sozialer Gruppen im logischen Zusammenhang und unter Verwendung der Fachsprache wiedergeben. Weiterhin sollen Sie einen Zusammenhang zwischen den Merkmalen einer sozialen Gruppe und den Besonderheiten eines Teams herstellen.*

Soziale Gruppen lassen sich als **Orte der Vergesellschaftung** definieren, in denen das Individuum soziales Handeln in einer Gemeinschaft vollzieht.

Definition „soziale Gruppe"

Übereinstimmende, sozial relevante Merkmale der Gruppenmitglieder, wie beispielsweise den gleichen Beruf auszuüben, aber auch **gemeinsame Motive, Ziele und Interessen** führen in einer sozialen Gruppe zu einem Zusammengehörigkeitsgefühl. Innerhalb der Gruppe bestehen hierbei soziale Beziehungen und **wiederkehrende Interaktionen.** So sehen sich die Arbeitnehmer eines Betriebs täglich, kommunizieren miteinander und arbeiten an gemeinsamen Aufträgen.

Merkmale und Abgrenzung sozialer Gruppen

Soziale Gruppen sind aber nicht zwangsläufig in der Arbeitswelt zu suchen. Auch Jugendgruppen, Sportmannschaften oder Vereine sind Beispiele für soziale Gruppen, die die oben genannten Kriterien erfüllen. Den Orientierungsrahmen für das soziale Handeln innerhalb dieser Gruppen liefert ein **gemeinsames Werte- und Normensystem.** Beispielsweise gibt es Vereinssatzungen, aber auch Bekleidungsnormen in Jugendgruppen.

Mithilfe dieser Merkmale lässt sich die soziale Gruppe deutlich vom **sozialen Aggregat** abgrenzen: Die Personen, die ein solches Aggregat bilden, bleiben sich fremd und kommen nur einmalig zusammen, wie die Zuhörer eines Rockkonzerts. In der sozialen Gruppe kommt es hingegen zu einem **„Wir"-Bewusstsein** der Mitglieder, welches die Gruppe nach außen hin abgrenzt. In einer fortgeschrittenen Phase der Gruppenentwicklung kommt es in sozialen Gruppen zumindest in Ansätzen zu einer **Hierarchisierung der Rollenstruktur.**

Der Teambegriff stammt ursprünglich aus der Arbeitswelt bzw. aus der Ökonomie. In Bezug auf die Gruppensoziologie kann man Teams auch als Unterkategorie der sozialen Gruppe verstehen, deren Mitglieder ebenfalls ein gemeinsames Ziel in Form eines **gemeinsamen Arbeitsauftrags** verbindet. Die Besonderheit eines Teams besteht darin, dass die Teammitglieder zur Erfüllung des gemeinsamen Arbeitsauftrags **unmittelbar zusammenarbeiten.** Sie beeinflussen sich in ihrer Arbeitsleistung dabei gegenseitig.

Besonderheiten des Teambegriffs

2. *Der Operator „analysieren" erfordert hier eine kriterienorientierte Erschließung der Position der Autoren. In diesem Zusammenhang sollten Sie auch den Begründungsgang und die Argumentationsweise der Autoren analysieren und ihre Intention herausarbeiten. Ihre Ausführungen sollten dabei immer wieder Textbelege beinhalten.*

Der Text „Faulenzen in der Gruppe" von Dietrich von der Oelsnitz und Michael Busch ist am 7. 4. 2008 in der Frankfurter Allgemeinen Zeitung erschienen. Der Professor für Unternehmensführung an der Technischen Universität Braunschweig und sein wissenschaftlicher Assistent diskutieren in diesem Artikel die **Probleme** bzw. die **negativen Effekte** des Einsatzes **von Teamarbeit** in Unternehmen.

Quellenangabe, Kurzzusammenfassung

Nach Ansicht der Autoren treten bei Teamarbeit meist Effekte einer **Leistungsminderung** auf, die nicht zwangsläufig von den Mitgliedern gewollt sind, aber durch deren Verhalten verursacht werden. Von der Oelsnitz und Busch beschreiben soziologische Experimente und Untersuchungen, die ihre Position unterstützen. Zunächst verweisen sie auf den sogenannten **Ringelmann-Effekt**, der aus einem „Tauziehen"-Experiment des gleichnamigen französischen Agraringenieurs hervorgeht. Dieser liefere den Nachweis für eine niedrigere Leistung von Einzelpersonen in Gruppenzusammenhängen (vgl. Z. 8 ff.).

Probleme von Teamarbeit I: geringere Leistung

Die Autoren setzen den Ringelmann-Effekt in einen direkten Zusammenhang mit z. B. „**Social Loafing**" (Z. 15), der durch die amerikanischen Psychologen Latané, Williams und Harkins in die Diskussion um die Vorteile der Gruppenarbeit eingebracht wurde. Von der Oelsnitz und Busch übersetzen den Begriff mit „**Faulenzen in der Gruppe**" (Z. 16) oder: „Der Einzelne segelt im Wind, den andere erzeugen" (Z. 16 f.). Die Verwendung von negativ konnotierten Begriffen wie „Faulenzen" verdeutlicht dabei ihre Position zur Ausgangsfrage: Allein der Glaube, dass Einzelleistungen in der Gruppe nicht messbar sind, könne zu einer Leistungsminderung führen (vgl. Z. 18 ff.).

Die Autoren verweisen auf die **breite Akzeptanz der Teamarbeit in Unternehmen** und fordern zu einer kritischen Auseinandersetzung mit dieser Strukturierung von Arbeitsprozessen auf. Teamarbeit solle nicht per se als vorteilhafter als Einzelarbeit angesehen werden. Jedes Unternehmen solle kritisch prüfen, ob eine Umstellung sinnvoll sei (vgl. Z. 22 ff.). Unter bestimmten Voraussetzungen könnten die leistungsverringernden Effekte der Teamarbeit gemindert werden. Diesbezüglich werden Vorschläge wie die **Verkleinerung der Gruppengröße** (vgl. Z. 31 ff.) benannt. Die optimale Gruppengröße hinge „vom jeweiligen Schwierigkeitsgrad und von der Ähnlichkeit

Lösungsansätze

der bearbeiteten Teilaufgaben ab" (Z. 38 f.). Ein angenehmes Arbeitsklima und kontinuierliche Kontrollen der Mitarbeiterleistungen wirkten „Social Loafing" entgegen (vgl. Z. 40 ff.). Abschließend ergänzen die Autoren ihren Argumentationsgang um einen weiteren Aspekt. Nicht nur eine Leistungsminderung sei durch die Gefahren des „Social Loafing" zu befürchten; es komme bei zu hohen Leistungsanforderungen an die Gruppe auch zu negativen Auswirkungen, wie beispielsweise **Mobbing** gegenüber leistungsschwachen Teammitgliedern, die **überfordert** sein könnten (vgl. Z. 43 ff.).

Diese Gegenüberstellung der möglichen Probleme geben die Autoren mit zwei symbolhaften Sprachbildern wieder. Auf der einen Seite verknüpfen sie die leistungsmindernden Aspekte mit der Metapher „**Hängematte Team**" (Z. 48). Auf der anderen Seite beschreiben sie den zuvor dargestellten Leistungsdruck mit „**Konformitätspresse Team**" (Z. 49).

Auch wenn der Artikel Möglichkeiten aufzeigt, die dargestellte Leistungsminderung durch Teamarbeit in Unternehmen zu kompensieren, lässt sich bezüglich der **Position** der Autoren feststellen, dass diese der gegenwärtigen Form der Teamarbeit kritisch gegenüberstehen. Die Autoren wollen in ihrem Artikel darauf aufmerksam machen, dass Teamarbeit nicht in jedem Fall Vorteile für Arbeitsprozesse mit sich bringt. Ihre **Intention** ist es somit, einen Gegenpol zur festgefahrenen Meinung vieler Unternehmer aufzubauen.

3. *Hier wird eine reflektierte und kontroverse Auseinandersetzung mit dem in der Aufgabenstellung angeführten Zitat erwartet. Dieses gibt somit die Struktur der Erörterung implizit vor. Es bietet sich an, zunächst die Ihnen bekannten Vorteile der Teamarbeit aufzuführen. Daraufhin sollten Sie Nachteile darstellen, um anschließend eine begründete Einschätzung zur Problematik geben zu können.*

Die Autoren des Textes verweisen mit dem aufgeführten Zitat auf die grundlegende Fragestellung, ob Teamarbeit, wie von vielen angenommen, per se **Leistungsvorteile** für Unternehmen bringt oder ob **leistungshemmende Effekte** überwiegen.

Als Vorteil für die Unternehmen lässt sich zunächst das **Einsparen von Personalkosten** anführen. Dies erfolgt beispielsweise durch den **Abbau von Hierarchiestufen**, da bei Teamarbeit mittlere Führungspositionen wegfallen, die in der Vergangenheit besser bezahlt werden mussten. Die Führung des Teams wird durch eine höhere Unternehmensebene übernommen. Den Chef als Partner zu verstehen verstärkt nach Auffassung vieler Sozialpsychologen auch das Gefühl des Einzelnen, für seine

46

Arbeitsleistung unmittelbar verantwortlich zu sein. Hierüber kann es durch enge Kooperations- und Kommunikationsbeziehungen in der Gruppe zu einer **Produktivitätssteigerung** kommen. So könnten, anders als bei Einzelarbeit, Phasen der Motivationslosigkeit durch eine **aufbauende Kommunikation im Team** leichter überwunden werden. Weiterhin wird ein **Synergieeffekt** angenommen, der sich durch Teamarbeit ergibt. Hierbei ist das Wissen und die Kreativität des Teams nicht gleichzusetzen mit dem addierten Einzelwissen der Gruppenmitglieder, sondern geht darüber hinaus $(1 + 1 = 3)$.

Auf der anderen Seite stehen die im Text dargestellten Nachteile, die sich durch das „**Social Loafing**" und die **Ausgrenzung leistungsschwächerer Teammitglieder** ergeben. Aber auch der sogenannte „**Sucker-Effekt**", wonach ein Einzelner im Anschluss an die Teamleistung den Erfolg für sich beansprucht, kann zu Problemen in der Gruppenkommunikation führen. Weiterhin benötigt jedes Team eine gewisse Zeit, um eine effektivitätsfördernde Kommunikation und Arbeitsatmosphäre auszubilden. Es versteht sich von selbst, dass ein neu gebildetes Team nicht die gleiche **Routine** und Leistungseffizienz vorweisen kann wie ein Team, welches bereits seit Jahren besteht: Die Teammitglieder kennen sich zu wenig und sind zunächst damit beschäftigt, ihre Rolle und Funktion innerhalb des Teams zu finden. Die **Phasen der Teamentwicklung** sind bereits in den 1960er-Jahren vom US-amerikanischen Psychologen Bruce Wayne Tuckman aufgestellt worden. Sie verweisen auf die lange Eingewöhnungszeit, bevor erste Synergieeffekte der Teamarbeit deutlich werden.

Meiner Meinung nach ergeben sich durch Teamarbeit trotz aller angeführten Bedenken immense Vorteile für Arbeitgeber und Arbeitnehmer in Unternehmen. So verweisen von der Oelsnitz und Busch in ihrem Artikel darauf, dass durch eine klare Aufgabenstrukturierung und durch kleinere Teams die **effizienzsteigernden Vorteile** der Teamarbeit zutage kommen. Wenn im Arbeitsprodukt deutlich wird, **welches Teammitglied für welche Teilaufgabe verantwortlich** war, relativiert sich zudem der oben angesprochene „Sucker-Effekt". Die Unternehmen stehen somit letztendlich nur vor der **Zeitfrage**, die sich aus den Teamentwicklungsphasen nach Tuckman ergibt.

Sollen wir die lange Eingewöhnungszeit der Teams als Phase niedrigerer Effizienz in Kauf nehmen? Aus Sicht vieler Arbeitnehmer, die vieldimensionale Arbeitsaufträge einer stark spezialisierten Arbeitsteilung vorziehen, ist die Antwort sicherlich ja. Aber auch viele globale Unternehmen erkennen mittlerweile die Vorteile, die ein positives Arbeitsklima mit sich bringt.

Nachteile von Teamarbeit

abschließende Bewertung

47

Checkliste

Aspekt	Ja	Teil-weise	Nein	Weiß nicht
TEILAUFGABE 1				
Habe ich alle relevanten Merkmale sozialer Gruppen aufgeführt?	☐	☐	☐	☐
Bin ich im Besonderen auf Teams eingegangen?	☐	☐	☐	☐
Folgt meine Darstellung einem nachvollziehbaren Aufbau?	☐	☐	☐	☐
Habe ich relevante Fachbegriffe richtig verwendet?	☐	☐	☐	☐
TEILAUFGABE 2				
Habe ich die wesentlichen Informationen zum Text zusammengefasst? (Erscheinungsdatum, Autor etc.)	☐	☐	☐	☐
Habe ich die hinsichtlich der Aufgabenstellung relevanten Aspekte aus dem Text herausgearbeitet?	☐	☐	☐	☐
Konnte ich die Aspekte mit eigenen Worten wiedergeben?	☐	☐	☐	☐
Habe ich die Textnachweise der genannten inhaltlichen Aspekte erbracht und – sofern verwendet – Zitate nachgewiesen?	☐	☐	☐	☐
Habe ich die Hauptaussage sowie die Intention der Autoren herausgestellt?	☐	☐	☐	☐
Folgt meine Analyse einem nachvollziehbaren Aufbau?	☐	☐	☐	☐
TEILAUFGABE 3				
Habe ich meine Lösung an das Zitat angeknüpft?	☐	☐	☐	☐
Habe ich mindestens zwei Vorteile und mindestens zwei Nachteile von Teamarbeit gegenübergestellt?	☐	☐	☐	☐
Konnte ich mein gelerntes Wissen durch sinnvolle Verknüpfung mit den Aussagen des Quellentextes zur Geltung bringen?	☐	☐	☐	☐
Habe ich das Ergebnis meiner Erörterung knapp zusammengefasst?	☐	☐	☐	☐
Folgt meine Erörterung dem Aufbau „Einleitung – Argumentation – Fazit"?	☐	☐	☐	☐
Ist die Struktur meines Textes durch sprachliche Elemente für den Leser verständlich geworden? (z. B. Verwendung des Konjunktivs, strukturierende Begriffe wie „aber", „daher" …)	☐	☐	☐	☐

Thema: *Einkommensungleichheit*
Dauer: *90 Minuten*

Aufgabenstellung

1. Beschreiben und erklären Sie mithilfe der Abbildung das Konzept der Lorenz-kurve. Gehen Sie dabei auch auf den Gini-Koeffizienten[1] ein.

2. Analysieren Sie das vorliegende Interview in Bezug auf die Position von Markus M. Grabka zur Entwicklung der Einkommensungleichheit in Deutschland.

3. Entwerfen Sie ein Lösungskonzept (positives Extremszenario) zum Problem der Einkommensungleichheit in Deutschland. Gehen Sie dabei auch kurz auf mögliche Akteure und deren Handlungen ein.

M 1: Lorenzkurve

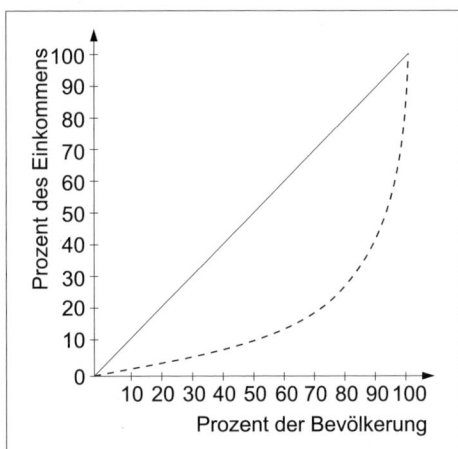

M 2: Die Schere zwischen Arm und Reich geht weiter auseinander

Herr Grabka[2], die deutsche Wirtschaft ist in den letzten Jahren kräftig gewachsen. Inwieweit spiegelt sich dieses Wirtschaftswachstum in der Entwicklung der Einkommen wider?

Im Durchschnitt über die gesamte Bevölkerung sind die verfügbaren Haushaltsein-
5 kommen nach Inflation gestiegen, aber von dieser Entwicklung haben die Bevölkerungsgruppen je nach Einkommenshöhe unterschiedlich partizipiert.

*Welche Einkommensgruppen hatten die höchsten und welche die niedrigsten Zu-
wächse?*

Die einkommensstärksten zehn Prozent der Bevölkerung hatten im Zeitraum von
10 1991 bis 2014 Einkommenszuwächse von etwa 27 Prozent. In den mittleren Einkommensgruppen betrug der Zuwachs über diese fast 25 Jahre gerade einmal neun Prozent. Im Gegensatz dazu haben die ärmsten zehn Prozent der Bevölkerung sogar
reale Einkommensverluste erlitten, in einer Größenordnung von etwa minus acht Prozent.

15 *Wie sind die Verluste in den unteren Einkommensgruppen zu erklären?*

Hier ist als dominanter Faktor die Veränderung im Arbeitsmarkt zu nennen. Das
betrifft zum Beispiel die Ausweitung des Niedriglohnsektors, die Zunahme von sogenannter atypischer Beschäftigung in den letzten fast 20 Jahren, eine geringe Nachfrage nach gering qualifizierten Beschäftigten, allerdings auch strukturelle Verände-
20 rungen, zum Beispiel die zunehmende Bedeutung des Dienstleistungssektors.

*Die Einkommensungleichheit in Deutschland hat in den letzten Jahren stagniert.
Rechnen Sie damit, dass die Ungleichheit wieder steigen wird?*

Es ist richtig, dass wir für die Jahre 2005 bis 2013 eine relative Stagnation der Einkommensungleichheit auf historisch hohem Niveau beobachten können, allerdings
25 gibt es für den aktuellen Rand auch Anzeichen dafür, dass die Einkommensungleichheit der verfügbaren Haushaltseinkommen wieder steigt. Es gibt hier unterschiedliche Messzahlen. Unter anderem kann man auch die Armutsrisikoquote heranziehen.
Diese weist sowohl auf Basis des Mikrozensus des Statistischen Bundesamtes als
auch auf Basis unserer Daten darauf hin, dass sie derzeit einen Höchststand erreicht
30 hat.

*Das heißt, die Zahl der Menschen, die in Deutschland unterhalb der Armutsrisiko-
schwelle liegen, ist gestiegen?*

Vielleicht sollte man noch einmal kurz den Begriff Armutsrisiko definieren: Das
betrifft die Personen, die über weniger als 60 Prozent des mittleren verfügbaren Ein-
35 kommens verfügen. Das ist in etwa ein Wert für einen Einpersonenhaushalt von aktuell 1 050 Euro pro Monat. Man kann beobachten, dass zwischen Ende der 90er-Jahre
und 2005 das Armutsrisiko in Deutschland auf damals etwa 14 Prozent und bis zum
aktuellen Rand, also 2014, auf nahezu 16 Prozent gestiegen ist.

Ist das Armutsrisiko in Ost- und Westdeutschland gleich?

40 Es gilt weiterhin, dass das Armutsrisiko in Ostdeutschland deutlich höher ist als in Westdeutschland. Das ist im Grunde schon seit der Wende so gewesen. Eine Gruppe ist mir in den letzten Jahren besonders aufgefallen, das sind die älteren Menschen in Ostdeutschland im Alter von 65 bis 75 Jahren. Diese hatten um die Jahrtausendwende noch ein geringeres Armutsrisiko als die entsprechenden Personen in Westdeutsch-
45 land. In den vergangenen zehn Jahren jedoch ist das Armutsrisiko der ostdeutschen Rentner um sieben Prozentpunkte gestiegen. Das heißt, es hat sich in dieser Zeit verdoppelt. Damit ist auch wieder das Thema Altersarmut in Deutschland angekommen.

Wie könnten die Einkommensungleichheit und das Armutsrisiko in Deutschland wirksam bekämpft werden?

50 Der zentrale Faktor ist für mich die Situation am Arbeitsmarkt. Zwar haben wir eine deutliche Abnahme der Arbeitslosigkeit, aber es ist weiterhin so, dass wir im Arbeitsmarkt eine sehr hohe Ungleichheit haben. So sollte zum Beispiel die relativ hohe Zahl von geringfügiger Beschäftigung[3] meines Erachtens zurückgedrängt werden. Man kann auch darüber nachdenken, den Mindestlohn[4] sukzessive leicht anzuheben, was
55 die Bundesregierung zum 1. Januar dieses Jahres ja auch beschlossen hat. Darüber hinaus sollte die steuerlich unterschiedliche Behandlung von Alleinerziehenden insbesondere im Vergleich zu kinderlosen Paarhaushalten reformiert werden, womit auch das Armutsrisiko von Kindern sinken dürfte.

Quelle: Interview mit Dr. Markus M. Grabka, DIW[5] Wochenbericht Nr. 4.2017

Anmerkungen
1 Der Gini-Koeffizient Deutschlands für das Jahr 2000 lag bei 0,25. Für das Jahr 2006 betrug er 0,27. Im Vergleich: USA (2007) = 0,45; Großbritannien (2005) = 0,34; Österreich (2007) = 0,26.
2 Dr. Markus M. Grabka, Wissenschaftlicher Mitarbeiter (Soziologe) der Infrastruktureinrichtung Sozio-oekonomisches Panel (SOEP) am DIW Berlin
3 Wer nicht mehr als 450 € im Monat verdient, gilt als geringfügig beschäftigt.
4 Mindestlohn: im weiteren Sinne in Tarifverträgen festgelegte Untergrenze für den vom Arbeitgeber zu zahlenden Lohn; im engeren Sinne gesetzlich bestimmte Lohnnormen, die nicht unterschritten werden dürfen.
5 DIW-Studie: Studie des Deutschen Instituts für Wirtschaftsforschung zur Einkommensverteilung in Deutschland. Das DIW ist das größte deutsche Wirtschaftsforschungsinstitut mit etwa 185 Mitarbeitern.

Gewichtung der Teilaufgaben: 30 % : 40 % : 30 %

Lösungsvorschläge

1. *Diese Teilaufgabe verlangt von Ihnen, über den Anforderungsbereich I („beschreiben") hinausgehend das Konzept der Lorenzkurve zu erklären (AFB II). M 1 dient Ihnen hierzu als Hilfestellung. Des Weiteren müssen Sie in Ihre Lösung den Gini-Koeffizienten miteinbeziehen.*

Die Lorenzkurve ist eine grafische Darstellung zur **Einkommensungleichverteilung**. Sie dient als Grundlage zur Berechnung des Gini-Koeffizienten.

Definition der Lorenzkurve

51

Die Lorenzkurve wird dabei innerhalb eines Koordinatensystems abgebildet. Auf der x-Achse werden die Anteile der aufsummierten Haushalte eines Landes in Prozent (**Prozent der Bevölkerung**) abgetragen, auf der y-Achse der prozentuale Anteil des Volkseinkommens (**Prozent des Einkommens**) gemessen am **Nettoäquivalenzeinkommen**. Zur Orientierung dient die **Gleichverteilungsdiagonale**, die einen Winkel von 45 Grad hat und den Idealfall einer vollkommenen Gleichverteilung des Gesamteinkommens grafisch aufzeigt. Wählt man einen Punkt, der auf dieser Diagonale liegt, entspricht der prozentuale Wert der x-Achse dem der y-Achse.

Darstellungsweise

Einem bestimmten Anteil der Bevölkerung weist die Lorenzkurve seinen entsprechenden Anteil am Nettoäquivalenzeinkommen aller Haushalte in einem Land zu. Hat beispielsweise ein **hoher Prozentsatz der Haushalte** eines Landes einen **geringen Anteil am Gesamteinkommen**, entfernt sich die Kurve von der Gleichverteilungsdiagonalen. Je mehr sich die Kurve in ihrer Biegung von der 45-Grad-Linie entfernt, desto ungleicher ist das Einkommen in der Bevölkerung verteilt. Eine solche **Ungleichverteilung** liegt in der Abbildung vor. 50 % der Bevölkerung verfügen hier lediglich über 10 % des Gesamteinkommens.

Aussagekraft / Deutung

Der Gini-Koeffizient bedient sich der Lorenzkuve, um in einer **quantitativen Maßzahl** die Ungleichverteilung des Gesamteinkommens auf die Bevölkerung ausdrücken zu können. Dadurch wird ein **Vergleich der Einkommensverteilung** unterschiedlicher Länder ermöglicht.

Zweck des Gini-Koeffizienten

Der Gini-Koeffizient lässt sich mit folgender Formel berechnen:

Berechnung und Deutung

$$\text{Gini-Koeffizient} = \frac{A}{A + B}$$

Die Fläche A kennzeichnet in dieser Formel den Flächeninhalt zwischen der Gleichverteilungsdiagonalen und der Lorenzkurve. Die Fläche B kennzeichnet die Gesamtfläche zwischen der Gleichverteilungsdiagonalen und der x-Achse. Aus der Berechnung ergeben sich **Werte zwischen 0 und 1**. 0 wäre der Gini-Koeffizient genau dann, wenn die Lorenzkurve deckungsgleich mit der Diagonalen wäre und somit eine vollkommen gleiche Verteilung des Einkommens auf die Gesellschaft vorläge. Den Wert 1 würde der Gini-Koeffizient aufweisen, wenn ein Einzelner über das Gesamteinkommen verfügte.

2. *Der Operator „analysieren" erfordert in dieser Teilaufgabe eine kriterienorientierte Erschließung der Position Markus M. Grabkas. Dazu müssen Sie die Argumente sowie die leitende Intention Grabkas aus dem Interview herausarbeiten.*

Im Interview des DIW Wochenberichts mit dem Soziologen Markus M. Grabka, welches im Jahr 2017 geführt wurde, geht der wissenschaftliche Mitarbeiter der Infrastruktureinrichtung des Sozio-ökonomischen Panels (SOEP) am DIW Berlin auf die **Entwicklung der Einkommensungleichheit** ein. Grabka diskutiert dabei die Einkommensungleichverteilung in Deutschland, benennt Ursachen und gibt Lösungsvorschläge.

Quellenangabe, Kurzzusammenfassung

Als grundlegendes Problem hebt der Soziologe hervor, dass nicht alle Bevölkerungsgruppen in gleichem Maße von den positiven Entwicklungen der deutschen Wirtschaft profitieren (vgl. Z. 5 f.). So hätten die „**einkommensstärksten** zehn Prozent [...] **Einkommenszuwächse** von etwa 27 Prozent" (Z. 9 f.) gehabt. Wohingegen der **ärmste** Teil der Bevölkerung (10 %) sogar **Einkommensverluste** von minus acht Prozent zu verzeichnen gehabt hätte (vgl. Z. 12 ff.). Nach Ansicht Grabkas ist der Arbeitsmarkt ein dominanter Faktor für die Verluste der unteren Einkommensgruppen. Demgemäß führt er „die Ausweitung des **Niedriglohnsektors**" (Z. 17), „die Zunahme von [...] **atypischer Beschäftigung**" (Z. 17 f.) und „die **zunehmende Bedeutung des Dienstleistungssektors**" (Z. 20) als Beispiele auf. Ferner prognostiziert der Soziologe trotz der Stagnation der Einkommensungleichheit, die im Zeitraum zwischen 2005 bis 2013 zu beobachten gewesen sei, einen erneuten **Anstieg der Einkommensungleichheit** (vgl. Z. 23 ff.). Als Maßnahmen gegen diese Entwicklung kommen seiner Meinung nach v. a. die Verringerung der Zahl der **geringfügig Beschäftigten** (vgl. Z. 52 f.) und eine leichte Anhebung des **Mindestlohns** (vgl. Z. 54) infrage.

Argumentationsgang

Grabka ist Mitarbeiter des DIW, eines der **führenden Wirtschaftsinstitute in Deutschland**. Mit dieser Position im Hintergrund bezieht er sich mehrmals auf konkrete Prozentzahlen (vgl. Z. 10, 37 f.) und macht klar, dass er „auf Basis [dieser] Daten" (Z. 29) argumentiert. Außerdem stützt er sich auch auf Daten des statistischen Bundesamtes (vgl. Z. 28). Die ersten Fragen des Interviews sind sehr stark durch konkrete Zahlen geprägt. Erst bei der Beantwortung der letzten Frage nach Lösungsansätzen formuliert Grabka seine eigene Meinung und macht Vorschläge, wie die Einkommensungleichheit und das Armutsrisiko seines Erachtens bekämpft werden können.

Argumentationsweise

Der wissenschaftliche Mitarbeiter macht in seinem Interview sehr deutlich auf die **ungerechte Verteilung** der Einkommen und der Einkommenszuwächse zwischen den unterschiedlichen Bevölkerungsgruppen in Deutschland aufmerksam. Er betont die Armutsgefahr für untere Einkommensgruppen und ältere Menschen. Insgesamt macht er damit deutlich, dass das gute

Intention Grabkas

Wirtschaftswachstum in Deutschland und die damit verbundene Stagnation der Einkommensungleichheit nicht darüber **hinwegtäuschen** dürfen, dass es **große Missstände**, unter anderem auf dem Arbeitsmarkt, gibt, denen effektiv entgegenzuwirken ist. Dafür zeigt er Lösungsansätze wie den Abbau der geringfügig Beschäftigten, eine Erhöhung des Mindestlohns und eine bessere Unterstützung für Alleinerziehende auf.

3. *Hier wird von Ihnen eine gestalterische Auseinandersetzung mit der Problemstellung „Einkommensungleichheit in Deutschland" erwartet. Konkret sollen Sie ein Lösungskonzept zu dieser sozialpolitischen Problemlage ausarbeiten. Innerhalb Ihrer Ausführungen sollen Sie auf mögliche Akteure und deren Handlungen eingehen – aber auch das Kriterium der Umsetzbarkeit sollten Sie berücksichtigen.*

Die **Einkommensschere in Deutschland** ist in den vergangenen Jahren deutlich weiter auseinandergegangen. Auf der einen Seite konzentriert sich das Volkseinkommen zunehmend auf das reichste Dezil der Bevölkerung, auf der anderen Seite rutschen immer mehr Bürger der Mittel- und Unterschicht in prekäre Einkommensverhältnisse ab. *(Einstieg: Problemschilderung)*

Ein mögliches Lösungskonzept könnte vom **Gesetzgeber** ausgehen. Die Legislative (Bundestag und Bundesrat) müsste dazu Steuergesetze verabschieden, die eine **Umverteilung des Gesamteinkommens** ermöglichen. So könnte die **Wiedereinführung einer Vermögenssteuer** dazu führen, dass bisher gebundenes Kapital reicherer Bevölkerungsschichten den einkommensschwachen Bevölkerungsschichten, beispielsweise in Form von Sozialleistungen, zugeführt werden kann. *(Darstellung eines Lösungsvorschlags)*

Dieser Lösungsvorschlag ist jedoch **nicht unproblematisch**, da die höheren Steuerabgaben den Anreiz für Besserverdiener verringern würden, Vermögen aufzubauen, was jedoch für eine gesunde **volkswirtschaftliche Entwicklung** unbedingt notwendig ist. Zudem könnten die Wohlhabenderen die finanzielle Mehrbelastung etwa über Mieten an die Unter- und Mittelschicht weitergeben, was wiederum kontraproduktiv wäre. Der Gesetzgeber müsste diese Probleme in seiner Umverteilungsstrategie bedenken und ernst nehmen. *(Auseinandersetzung mit dem Lösungsvorschlag)*

Aus diesem Grund macht es Sinn, nicht nur bei den oberen Einkommensbeziehern anzusetzen, sondern eine Doppelstrategie zu fahren und die unteren Einkommensbezieher noch stärker zu entlasten. Mit dem **Mindestlohn** ist ein erster Schritt in diese Richtung getan, der durch regelmäßige Erhöhungen gefestigt werden sollte. *(Verbesserung des Lösungsvorschlags)*

Checkliste

Aspekt	Ja	Teil-weise	Nein	Weiß nicht
TEILAUFGABE 1				
Habe ich die wichtigsten Aspekte und Hintergründe der Lorenzkurve aufgeführt?	☐	☐	☐	☐
Habe ich auf die Abbildung Bezug genommen?	☐	☐	☐	☐
Bin ich im Besonderen auf den Gini-Koeffizienten eingegangen?	☐	☐	☐	☐
Ist meine Erklärung für eine Person nachvollziehbar, die die Lorenzkurve nicht kennt?	☐	☐	☐	☐
Habe ich relevante Fachbegriffe richtig verwendet?	☐	☐	☐	☐
TEILAUFGABE 2				
Habe ich die wesentlichen Informationen zum Text zusammengefasst? (Erscheinungsdatum, Autor etc.)	☐	☐	☐	☐
Habe ich die Hauptaussage und Intention des Autors sowie alle hinsichtlich der Aufgabenstellung relevanten Aspekte herausgearbeitet?	☐	☐	☐	☐
Habe ich die Textnachweise der genannten inhaltlichen Aspekte erbracht und – sofern verwendet – Zitate nachgewiesen?	☐	☐	☐	☐
Folgt meine Analyse einem nachvollziehbaren Aufbau?	☐	☐	☐	☐
TEILAUFGABE 3				
Habe ich auf die Problemstellung Bezug genommen?	☐	☐	☐	☐
Habe ich ein umfassendes Konzept erarbeitet und mich mit diesem kontrovers auseinandergesetzt?	☐	☐	☐	☐
Bin ich im Besonderen auf Akteure und deren Handlungen eingegangen?	☐	☐	☐	☐
Konnte ich mein gelerntes Wissen durch sinnvolle Verknüpfung mit dem Problem der Einkommens-ungleichheit zur Geltung bringen?	☐	☐	☐	☐
Folgt meine Lösung einem nachvollziehbaren Aufbau?	☐	☐	☐	☐
Ist die Struktur meines Textes durch sprachliche Elemente für den Leser verständlich geworden? (z. B. Verwendung des Konjunktivs, strukturierende Begriffe wie „aber", „daher" …)	☐	☐	☐	☐

Thema: *Sozialstaat, Hartz IV*
Dauer: *90 Minuten*

Aufgabenstellung

1. Stellen Sie das Sozialstaatsgebot nach Art. 20 GG dar. Gehen Sie in diesem Zusammenhang auch auf die drei Prinzipien der sozialen Sicherung ein.

2. Vergleichen Sie die Auffassung Hermann Mays mit einer gegenläufigen Gerechtigkeitsvorstellung, indem Sie die Unterschiede gegenüberstellen.

3. Das Berliner Sozialgericht entschied 2012, dass der Hartz IV-Regelsatz zu gering sei. Dieser müsse nach Ansicht der Richter für Alleinstehende um 36 Euro im Monat und für Familien um 100 Euro im Monat erhöht werden, um ein menschenwürdiges Existenzminimum sicherzustellen. Da der Regelsatz somit nicht mit dem Grundgesetz vereinbar sei, legten die Richter die Vorschriften zur Berechnung der Hartz IV-Sätze dem Bundesverfassungsgericht vor, das 2014 allerdings entschied, dass die Regelsätze „noch verfassungsgemäß" seien.
Gestalten Sie für eine unabhängige überregionale Tageszeitung einen Kommentar zur Entscheidung des Berliner Sozialgerichts. Gehen Sie davon aus, dass die Entscheidung des Bundesverfassungsgerichts noch offen ist.

M: Hermann May[1]: Ungleichheit ist gut

Während in Deutschland [...] die [...] Vermögensteuer immer wieder durch die Lande geistert, ereifern sich in den USA die Politiker über eine stärkere Besteuerung größerer Vermögen. Nahezu weltweit werden größere Einkommens- und Vermögensunterschiede, sprich: ökonomische Ungleichheit, als Ärgernis erregender Tatbestand
5 ausgemacht und zum Anlass genommen, ihre Egalisierung[2] [...] zu verlangen.
Was heißt das? Die Marktverteilung der Einkommen und der daraus erwachsenden Vermögen wird zunehmend als ungerecht beklagt und als korrekturbedürftig angesehen. Eine solche [...] letztlich auf Missgunst resp. Neid gegenüber „Besserverdienenden" und „Vermögenden" zurückzuführende Reaktion kann nicht wider-
10 spruchslos hingenommen werden. Ihre Hinnahme hieße, den Markt ein weiteres Mal als Distributor (Verteiler) infrage zu stellen und den Staat einmal mehr als Redistributor (Umverteiler) in die Pflicht zu nehmen. Dies aber würde eine weitere Aushöhlung marktwirtschaftlichen Denkens und Handelns in unserer Gesellschaft bedeuten. Das Gegenteil tut Not! Denn jeder Marktteilnehmer kann vom Markt prinzipiell nur so
15 viel erhalten, wie er selbst zum Sozialprodukt beiträgt. Auch aus dem größten Fleiß, der härtesten Arbeit kann kein Anspruch auf ein entsprechendes Einkommen abgeleitet werden, wenn die Nachfrager am Markt das Ergebnis dieser Bemühungen nicht

hinreichend schätzen! Diese Erkenntnis darf nun aber nicht die Forderung nach „sozialer Gerechtigkeit" provozieren, die von der „unglückseligen Idee" ausgeht, „dass
20 die Entlohnung des Einzelnen nicht davon abhängen soll, was er tatsächlich zum Sozialprodukt beiträgt, sondern was er verdient" (F. A. von Hayek). „Soziale Gerechtigkeit" in diesem Verständnis könnte es nur in einer Befehlswirtschaft geben, in der sich der Staat anmaßt, die relativen Einkommen der einzelnen Bürger zu bestimmen. In einer marktwirtschaftlichen Ordnung mit freier Berufswahl ist der Begriff „soziale
25 Gerechtigkeit" in diesem Kontext „völlig sinnlos" (ders.).

Ökonomische Ungleichheit darf somit nicht als eine beklagenswerte Fehlleistung des Marktes angesehen werden, sondern ist vielmehr als eine höchst erfreuliche, ja notwendige Konsequenz individuellen wirtschaftlichen Handelns zu konstatieren[3]. Wirtschaften als Nutzen resp. Gewinn maximierendes Handeln ist nämlich immer als
30 ein individueller Aktionsprozess zu verstehen, dessen Effizienz typischerweise durch die Leistung des Wirtschaftenden bestimmt wird. Solche individuellen und damit per se[4] ungleichen Leistungen führen zwangsläufig zu ungleichen Handlungsergebnissen und damit zu ökonomischer Ungleichheit schlechthin. Diese Unterschiede im Markteinkommen locken nun aber in (nicht durch leistungshemmende Sozialsysteme ver-
35 zerrten) Marktwirtschaften die Marktteilnehmer dorthin, wo sie – in der Einschätzung des Marktes – am meisten leisten und damit verdienen können. Und so war und ist es in der ökonomischen Entwicklung die Ungleichheit, die den Menschen veranlasste und noch immer veranlasst, sich anzustrengen und es anderen, die mehr verdienen, gleichzutun […]. Ungleichheit wird so zu einem Antriebsmotor für Leistungs-
40 streben und induziert überdies Fortschritt und Wohlstand. Eine Egalisierung dieser Ungleichheit im Wege der staatlichen Umverteilung schwächt nicht nur diesen fruchtbaren, leistungssteigernden Anreiz, sondern unterdrückt gleichzeitig eine Ausweitung der volkswirtschaftlichen Produktivität […].

Eine weitsichtige Regierung, die die volkswirtschaftliche Bedeutung von Leis-
45 tungsträgern richtig einzuschätzen vermag, müsste […] versuchen, durch eine leistungsfreundliche Steuerpolitik solche Leistungsträger zu halten, ja vielleicht sogar anzulocken (wie etwa die Schweiz) und nicht zu benachteiligen und zur (Steuer-) Flucht zu veranlassen.

Die Parteien dürfen sich nicht durch die egalitaristischen Sehnsüchte der Massen
50 wahltaktisch-populistisch[5] davon abhalten lassen, das wirtschaftspolitisch Zweckmäßige zu tun.

Hermann May: Ungleichheit ist gut, Die Welt, 19. 12. 2002

Anmerkungen
1 Hermann May lehrte Wirtschaftswissenschaft und ökonomische Bildung an der Universität Würzburg sowie an der Pädagogischen Hochschule Heidelberg und ist heute geschäftsführender Leiter des Zentrums für ökonomische Bildung (ZöB) Heidelberg-Offenburg.
2 Egalisierung: Gleichmachung, Ausgleich von etwas Ungleichmäßigem
3 konstatieren: feststellen
4 per se: von selbst
5 populistisch: auf die Gunst der Massen bezogen

Gewichtung der Teilaufgaben: 30 % : 40 % : 30 %

Lösungsvorschläge

1. *Der Operator „darstellen" verlangt in dieser Aufgabe von Ihnen, dass Sie das Sozialstaatsprinzip des Grundgesetzes zunächst benennen und im Anschluss Aufgaben und Zielsetzungen der deutschen Sozialpolitik erläutern, die sich aus der Verpflichtung zum Sozialstaat ergeben. Der Verweis auf die drei Prinzipien der sozialen Sicherung gibt zudem einen Hinweis auf wesentliche Inhalte, die in Ihren Ausführungen zum Sozialstaatsprinzip vorkommen müssen.*

Das sogenannte Sozialstaatsgebot findet sich in Art. 20 GG. Dort heißt es: „Die Bundesrepublik Deutschland ist ein demokratischer und **sozialer** Bundesstaat." Mit der Entscheidung der Verfassungsväter zum Sozialstaat wird das **Prinzip der sozialen Gerechtigkeit** zum bindenden Maßstab für staatliches Handeln erhoben.

Einstieg: Bezugnahme auf das Grundgesetz

Diese Orientierung beinhaltet in Deutschland besonders zwei Zielsetzungen: Zum einen ist der Staat darauf bedacht, einen **sozialen Ausgleich** zwischen den Bevölkerungsschichten im Sinne einer **Verteilungsgerechtigkeit** anzustreben. Hier sorgt er beispielsweise durch unterschiedliche Steuersätze für eine aktive Umverteilung von Einkommen. Zum anderen ist dem Staat die **soziale Sicherheit** seiner Bürger wichtig.

Ziele des Sozialstaatsgebots

Hierzu verpflichtet er jeden Staatsbürger zu Beitragszahlungen für die Sozialversicherungen (**Versicherungsprinzip**). Ziel dieser gesetzlichen Pflichtversicherungen ist die finanzielle Absicherung aller Bürger im Falle von häufig auftretenden Lebensrisiken wie Arbeitslosigkeit, Altersarmut, Krankheit oder Pflegebedürftigkeit.

Prinzipien der sozialen Sicherung, Aufgaben des Staates

Weiterhin erhalten Personengruppen, die bestimmte Voraussetzungen erfüllen, eine finanzielle Versorgung durch den Staat (**Versorgungsprinzip**). Als klassisches Beispiel wird hier meist die Kriegsopferversorgung genannt. Aber auch das Kindergeld bedarf keiner Bedürftigkeitsprüfung und wird bei Elternschaft ausgezahlt.

Anders verhält es sich beim **Fürsorgeprinzip**. Hier prüft der Staat ganz genau, ob eine **Bedürftigkeit**, beispielsweise eine Lebenssituation unterhalb des **Existenzminimums**, besteht. Ist dies der Fall, so wird **Sozialhilfe** gewährt.

Die öffentliche Versorgung und die Grundsicherung bzw. Sozialhilfe sind dabei steuerfinanziert. Die Sozialversicherungsleistungen finanzieren sich aus Beiträgen und häufig auch aus staatlichen Zuschüssen, da in den vergangenen Jahrzehnten die Beitragszahlungen die Ausgaben meist nicht decken konnten.

2. *„Vergleichen" erfordert hier zunächst eine kriterienorientierte Erschließung der Gerechtigkeitsauffassung Hermann Mays. In diesem Zusammenhang empfiehlt es sich, auch die Argumente sowie die Intention Mays aus dem Text herauszuarbeiten. Weiterhin müssen Sie eine gegenläufige Gerechtigkeitsvorstellung darlegen und dabei die Unterschiede klar gegenüberstellen.*

Unter dem Titel „Ungleichheit ist gut" veröffentlichte der Ökonom Hermann May am 19. 12. 2002 einen Artikel in der Tageszeitung „Die Welt". Der Leiter des Zentrums für ökonomische Bildung in Heidelberg-Offenburg diskutiert in seinem Beitrag das Zustandekommen von **Einkommens- bzw. Vermögensunterschieden** und die damit verbundene **Umverteilungspolitik** des Staates.

(Randspalte: Quellenangabe, Kurzzusammenfassung)

May bedauert und kritisiert zunächst die Tendenz vieler Staaten, in der Ungleichverteilung von Einkommen und Vermögen eine Problemstellung zu sehen, die durch aktive **Umverteilungspolitik** behoben werden müsse (vgl. Z. 1 ff.). Er verweist auf die **Distributionsfunktion des Marktes** und stellt diese als alternativlos hin (vgl. Z. 10 ff.). Jeder Marktteilnehmer könne nur das erhalten, was er auch zum **Sozialprodukt** beigetragen habe (Prinzip der Leistungsgerechtigkeit) (vgl. Z. 14 ff.). Er zitiert in diesem Zusammenhang den bekannten wirtschaftsliberalen Ökonom **Friedrich August von Hayek**, um seine Argumentation zu stützen (vgl. Z. 18 ff.). „Ökonomische Ungleichheit" (Z. 26), so resümiert der Autor, sei keine „beklagenswerte Fehlleistung des Marktes" (Z. 26 f.), sondern eine „erfreuliche […] Konsequenz individuellen wirtschaftlichen Handelns" (Z. 27 f.). Er verweist im weiteren Verlauf des Textes auf die **Leistungsanreize**, die für alle Wirtschaftssubjekte entstünden, wenn der Sozialstaat nicht leistungshemmend durch seine **Steuerpolitik** oder durch **Transferzahlungen** (z. B. Sozialgeld) eingreife (vgl. Z. 33 ff.). Diese Eingriffe des Staates seien zudem kontraproduktiv für die volkswirtschaftliche **Produktivitätssteigerung** (vgl. Z. 40 ff.). Als Folge sei eine Flucht der wirtschaftlichen Leistungsträger zu befürchten, die durch ein konsequentes Regierungshandeln vermieden werden müsse. Hierbei stünden auch die politischen Parteien in der Verantwortung, nicht zum Spielball von Wählerinteressen zu werden, sondern „das wirtschaftspolitisch Zweckmäßige zu tun" (Z. 50 f.).

(Randspalte: Mays Argumentationsgang)

Hermann May verwendet in seinem Artikel negativ konnotierte Begriffe, z. B. „Missgunst resp. Neid" (Z. 8) oder auch „verzerrten" (Z. 34 f.), wenn es um staatliche Umverteilungspolitik geht. In Kontrast dazu setzt er Begriffe wie „Antriebsmotor" (Z. 39) oder „Fortschritt und Wohlstand" (Z. 40) ein, wenn es

(Randspalte: Mays sprachliche Mittel)

um Deregulierung und Förderung der Wohlhabenden durch staatliches Handeln geht.

May ist somit dem **Wirtschaftsliberalismus** zuzuordnen. Er spricht sich für das **Prinzip der Leistungsgerechtigkeit** aus, welches seiner Meinung nach ad absurdum geführt wird, wenn der Staat den Markt als Verteilungsinstanz nicht akzeptiert.

Mays Gerechtig-keitsbegriff

Als eine zu May gegenläufige Auffassung lässt sich das **Prinzip der Bedarfsgerechtigkeit** anführen. Hiernach sind die Bedürfnisse der Bürger bei der Verteilung von Ressourcen zu berücksichtigen. Ein Leben unterhalb des **Existenzminimums** sollte in Anlehnung an dieses Prinzip vom Staat in jedem Fall verhindert werden. Im **gesellschaftlichen Diskurs** können zudem weitere Bedürfnisse festgelegt werden, die der Staat im Rahmen einer **Bedarfsprüfung** seinen Bürgern gewähren kann.

gegensätzliche Gerechtigkeits-vorstellung

Aus der Perspektive dieser Gerechtigkeitsvorstellung lässt sich an Mays Argumentation kritisieren, dass der Autor die zwangsläufigen **Verlierer des Systems der freien Marktwirtschaft** außer Acht lässt. Eine alleinige Fokussierung auf das Prinzip der Leistungsgerechtigkeit würde bedeuten, dass der Staat im Extremfall menschenunwürdige Lebensverhältnisse zulassen müsste. Im Sinne einer an Bedarfsgerechtigkeit orientierten **Umverteilungspolitik** muss der Staat eine steuerliche Mehrbelastung für seine wirtschaftlichen Leistungsträger hinnehmen, auch wenn ihm selbst dadurch möglicherweise Nachteile entstehen.

Kritik an Mays Auffassung

3. *Hier sollen Sie einen Kommentar für eine seriöse Tageszeitung verfassen. Der Text sollte eine klare Position zum Thema „Erhöhung der Hartz IV-Regelsätze" erkennen lassen. Im Gegensatz zur üblichen Erörterung kann ein Kommentar argumentativ durchaus auch nur in eine Richtung gehen.*

In der öffentlichen Meinungsbildung ist die Debatte um eine **Erhöhung der Hartz IV-Regelsätze** ein immer wiederkehrender Streitpunkt. Daran ändert auch das regelmäßige Anheben der Sätze um einen Minimalbetrag nichts, denn dieser kann gerade mal die **steigenden Lebenshaltungskosten** der Sozialhilfeempfänger ausgleichen.

Einstieg: Anknüp-fung an die Auf-gabenstellung

Für eine angemessene **Teilhabe am gesellschaftlichen Leben** in Deutschland reicht das **Transfereinkommen** jedenfalls nicht. Am deutlichsten wird dieser Aspekt bedauerlicherweise bei den **Kindern der Hartz IV-Empfänger**. Wie sollen vom Regelsatz z. B. Maßnahmen finanziert werden, die zur Förderung der Begabungen des Kindes unabdingbar sind? Auch die bereits existierenden sogenannten **Bildungsgutscheine** helfen

Plädoyer für höhere Hartz IV-Sätze

nichts, wenn durch sie die tatsächlich anfallenden Kosten, beispielsweise für sportliche Aktivitäten oder für Musikunterricht, nicht annähernd abgedeckt werden. Für 10 € monatlich ist diese so wichtige Begabungsförderung jedenfalls nicht zu bekommen, zumindest wenn sie nachhaltige Lernprozesse erreichen soll.

Wenn selbst **deutsche Sozialgerichte** eine Erhöhung der Regelsätze für Familien um 100 € monatlich fordern, dann muss das **Bundesverfassungsgericht** auf die bestehenden Missstände im geltenden Recht unbedingt aufmerksam machen. Allen Unkenrufen zum Trotz, die in jedem Bedürftigen einen **potenziellen Sozialschmarotzer** vermuten, müssen die Richter in Karlsruhe eine deutliche Erhöhung der Sätze von der Legislative einfordern. Appell

Auch das sachlich durchaus zutreffende Argument, die Höhe der Hartz IV-Bezüge liege schon jetzt zu nah an den Einkommen im **Niedriglohnbereich**, entpuppt sich bei näherer Betrachtung eher als ein Appell für einen **fairen Mindestlohn**. Jedenfalls kann der höchst problematische Zustand, dass viele Bürger unseres Landes jeden Tag ihre Arbeitskraft zur Verfügung stellen und dafür ein viel zu niedriges Einkommen erhalten, nicht als Argument dafür herangezogen werden, dass die Hartz IV-Regelsätze langfristig unterhalb des **menschenwürdigen Existenzminimums** liegen sollen. Auseinandersetzung mit Gegenargument

Checkliste

Aspekt	Ja	Teil-weise	Nein	Weiß nicht
TEILAUFGABE 1				
Habe ich alle wesentlichen Aspekte des Sozialstaatsgebots aufgeführt?	☐	☐	☐	☐
Bin ich im Besonderen auf die Prinzipien der sozialen Sicherung eingegangen?	☐	☐	☐	☐
Folgt meine Darstellung einem nachvollziehbaren Aufbau?	☐	☐	☐	☐
Habe ich relevante Fachbegriffe richtig verwendet?	☐	☐	☐	☐
Habe ich sachlich formuliert und nicht persönlich Position bezogen?	☐	☐	☐	☐
TEILAUFGABE 2				
Habe ich die wesentlichen Informationen zum Text zusammengefasst? (Erscheinungsdatum, Autor etc.)	☐	☐	☐	☐
Habe ich die relevanten Aspekte in Bezug auf die Gerechtigkeitsvorstellung des Autors herausgearbeitet?	☐	☐	☐	☐
Habe ich die Textnachweise der genannten inhaltlichen Aspekte erbracht und – sofern verwendet – Zitate nachgewiesen?	☐	☐	☐	☐
Habe ich die Theorie, die ich dem gegenüberstellen wollte, klar benannt?	☐	☐	☐	☐
Habe ich die spezifischen Merkmale beider Vorstellungen gegenübergestellt?	☐	☐	☐	☐
Ist die Struktur meines Textes durch sprachliche Elemente für den Leser verständlich geworden? (z. B. Verwendung des Konjunktivs, strukturierende Begriffe wie „aber", „daher" …)	☐	☐	☐	☐
TEILAUFGABE 3				
Habe ich auf die Problemstellung Bezug genommen?	☐	☐	☐	☐
Enthält mein Kommentar die für diese Textsorte typischen sprachlichen und inhaltlichen Elemente?	☐	☐	☐	☐
Habe ich mich mit einer möglichen Gegenposition auseinandergesetzt und dadurch meine Argumente kontrovers beleuchtet?	☐	☐	☐	☐
Wird meine Positionierung durch eine ausreichende Erörterung meiner Argumente gestützt?	☐	☐	☐	☐

Thema: *Die Rolle der Medien in der internationalen Politik*
Dauer: *90 Minuten*

Aufgabenstellung

1. Geben Sie den wesentlichen Inhalt des Textes wieder (M 1).

2. Erläutern Sie die Aufgaben und die Bedeutung der Medien allgemein und speziell der Neuen Medien für innerstaatliche und internationale Konflikte (M 1 und M 2).

3. Diskutieren Sie anhand einer Konfliktregion Ihrer Wahl, ob Deutschland militärisch eingreifen sollte.

M 1: Männer, die auf Leichen starren. Wie unser Bild vom Krieg in Syrien entsteht

Der Krieg in Syrien polarisiert. Die Berichterstattung hat die internationale Gemeinschaft und nicht zuletzt die Haltung der Mächte im UN-Sicherheitsrat beeinflusst – in gleichem Maße wie auch der politische Diskurs in einem Land auf die Medien wirkt. Wer die Berichte russischer Sender – und zwar nicht nur staatlicher Kanäle wie
5 Russia Today – mit der europäischen Konkurrenz vergleicht, könnte den Eindruck gewinnen, es gehe um völlig verschiedene Konfliktschauplätze. Und diese Unterschiede sind gewiss nicht nur das Resultat gezielter Propaganda: Je nach Zugang zum Geschehen können auch rechtschaffen recherchierende Journalisten zu sehr verschiedenen Haltungen und Sympathien kommen. [...]
10 Beim Kampf um Deutungshoheit in den internationalen Medien erlangten die Aufständischen einen deutlichen Vorsprung gegenüber dem Regime: Die Haltung von Präsident Baschar al-Assad und seiner Getreuen, die das brutale Vorgehen der Sicherheitskräfte von Beginn an kategorisch leugneten und den Widerstand als islamistischen Terror diskreditierten, entbehrte jeglicher Glaubwürdigkeit.
15 Während die Rebellen – wie auch die friedliche Oppositionsbewegung – nicht nur in großen Mengen Videomaterial produzierten, ja manche spontane Demonstration nur abhielten, um sie zu filmen und ins Internet zu stellen, reagierten die Sicherheitskräfte mit einer eifrigen, wenn auch nicht systematischen Unterdrückung der Berichterstattung.
20 Journalisten ohne Pressevisum, das sei angemerkt, wurden, sofern der Geheimdienst sie aufgreifen konnte, nicht etwa standrechtlich exekutiert, sondern in aller Regel zügig aus Syrien ausgewiesen. Im März 2012 drohte das Informationsministerium illegal eingereisten Journalisten allerdings in einem Kommuniqué: Als Unterstützter von Terroristen würden sie fortan „mit aller Härte strafrechtlich verfolgt". Westlichen
25 Reportern bot das Regime mit Verweis auf die brisante Sicherheitslage nur einige

„geführte Gruppenreisen" an – die Praxis westlicher Streitkräfte, Journalisten im Militär zu „embedden" war nicht vorgesehen. Nur wenige – neben dem syrischen Staatsfernsehen auch einige russische Kamerateams – durften militärische Einheiten begleiten. [...]

30 Solange das Regime sich sicher wähnte und glaubte, es könne die Rebellion bald niederschlagen, war es ortskundigen Journalisten noch vereinzelt möglich, mit einem Pressevisum einzureisen, sich aber dennoch der Kontrolle durch die Informationsbehörden zu entziehen. Je brutaler sich die Auseinandersetzungen ausnahmen, desto schwunghafter entwickelte sich indes der Handel mit Handy-Videos, die über den
35 Oppositionssender Ugarit TV oder Youtube verbreitet wurden: Als die ersten „Folter-Clips" zu Misshandlungen und Hinrichtungen von Gefangenen in Umlauf kamen, stand zu vermuten, dass Mitglieder der Sicherheitskräfte diese als Souvenirs herstellten. In Einzelfällen sollten diese Videos auch Oppositionelle abschrecken. Für die Rebellen stellten diese Beweisstücke einen hohen Wert dar, da sie die Grausamkeit
40 des Regimes und die Rechtmäßigkeit der eigenen Sache deutlich machten. Aktivisten berichteten, dass sie solche Videos mitunter über Mittelsmänner für hohe Summen kauften – ein finanzieller Anreiz für die Folterer, noch mehr Clips zu produzieren. Dieses Geschäftsmodell zählt zu den zahlreichen Absurditäten des Syrien-Konflikts – ebenso wie der Umstand, dass es FSA-Rebellen[1] gelang, Armeeoffiziere zu bestechen
45 und schwere Waffen aus Militärbeständen durch die Front zu schmuggeln. In Einzelfällen sollen Aufständische auch Foltervideos nachgestellt haben. Die moralische Rechtfertigung für solche Manipulationen: Diese Dinge geschahen ja auch in der Realität. [...]

Die unklare Informationslage erleichtert es den Konfliktparteien, Quellen und
50 Fakten, auf die sich die Gegenseite beruft, fortwährend anzufechten. [...]

Fest steht, dass viele Journalisten ihre Berichterstattung mit Engagement verbinden – für die notleidende Bevölkerung und in manchen Fällen auch für die kämpfenden Rebellen. Reporter transportieren schwer verletzte Menschen über die Grenze, vereinzelt aber auch Munition von einem Kampfgebiet ins andere. Einige setzen sich
55 für medizinische Hilfe oder Visa ein, stellen aber auch Kontakte zwischen Oppositionellen, westlichen Regierungen und Geheimdiensten her. Gleichzeitig hat sich die Öffentlichkeitsarbeit der FSA und ihrer Unterstützer seit Ausbruch des Krieges deutlich professionalisiert. Nahezu jede von Rebellen gehaltene Ortschaft verfügt über ein Pressezentrum, in dem Journalisten unterkommen, Kontaktpersonen treffen und
60 Neuigkeiten erfahren. Diese Büros sind Ausgangspunkt für Recherchen. Ebenso erlangen die Rebellen auf diese Weise einen Überblick über die Medienpräsenz in ihrem Ort und erleichtern oder erschweren die Arbeit. Es gilt als gesichert, dass etwa das Pressezentrum der Grenzstadt Azaz schwarze Listen mit den Namen unerwünschter Pressevertreter führt.

Daniel Gerlach, Nils Metzger: Männer, die auf Leichen starren. Wie unser Bild vom Krieg in Syrien entsteht, in: Aus Politik und Zeitgeschichte (Heft 8) 2013, S. 3 ff.

Anmerkung
1 Die Freie Syrische Armee ist eine bewaffnete Oppositionsgruppe im Syrischen Bürgerkrieg.

M 2: Hurra! Feind unter Beschuss!!

Klaus Stuttmann, 3. 4. 2003, http://www.stuttmann-karikaturen.de/archiv3.php?id=1069

Gewichtung der Teilaufgaben: 30 % : 30 % : 40 %

Lösungsvorschläge

1. *Bei einer Textwiedergabe wird immer ein einleitender Satz mit Angaben zum Autor, zum Titel des Textes, zur Textart (z. B. Aufsatz, Kommentar, Interview), zum Erscheinungsort und Veröffentlichungsdatum erwartet. Anschließend soll die Kernthese, also die Hauptaussage des Textes, formuliert werden. Auch bei der Textwiedergabe ist demnach eine gewisse Reorganisation des Textes zu leisten. Anschließend wird der Inhalt des Textes, auf die Kernaussagen reduziert, strukturiert, in eigenen Worten und unter Verwendung des Konjunktivs wiedergegeben.*

In dem vorliegenden Auszug aus dem Aufsatz „Männer, die auf Leichen starren. Wie unser Bild vom Krieg in Syrien entsteht", erschienen im August 2013 in „Aus Politik und Zeitgeschichte", untersuchen Daniel Gerlach und Nils Metzger die **Bedeutung der (Neuen) Medien** im Kampf der Bürgerkriegsparteien um die Unterstützung der Weltöffentlichkeit am Beispiel des Bürgerkrieges in Syrien. — *Quellenangabe, Kurzbeschreibung*

Die Berichterstattung habe die internationale Gemeinschaft und auch die „Haltung der Mächte im UN-Sicherheitsrat **beeinflusst**" (Z. 2); so fördere ein Vergleich der Darstellung des — *Einfluss der Berichterstattung*

65

Konflikts in russischen und europäischen Medien sehr unterschiedliche Sichtweisen auf den Krieg in Syrien zu Tage (vgl. Z. 4 ff.). Diese seien nicht zwangsläufig als Ergebnis von **Propaganda** zu werten, da auch anerkannte Journalisten in ihrer Bewertung der Ereignisse zu unterschiedlichen Ergebnissen gelangten (vgl. Z. 7 ff.).

Bisher hätten sich die **Rebellen** gegenüber dem Assad-Regime beim Kampf um die Deutungshoheit durchsetzen können (vgl. Z. 10 f.). Die Aufständischen würden in großem Umfang Videomaterial produzieren, um die Weltöffentlichkeit über das Internet von der brutalen Vorgehensweise der syrischen Sicherheitskräfte zu überzeugen (vgl. Z. 15 ff.). Das **Assad-Regime** hingegen versuche, die Berichterstattung zu unterbinden. So erlaube das Regime westlichen Journalisten keine freie Berichterstattung. Lediglich einzelne russische Reporter dürften die Kampfhandlungen direkt filmen. Westliche Berichterstatter hätten nur zu Beginn des Konflikts die Möglichkeit gehabt, sich der Kontrolle der Informationsbehörde zu entziehen und eigenständig zu arbeiten. *(Position der Rebellen. Position des Regimes)*

Mit zunehmender **Brutalität** der Auseinandersetzung kursierten im Internet immer mehr **Videos von Misshandlungen** und Exekutionen, die zum Teil von Sicherheitskräften des Regimes gefilmt und zur Abschreckung oder gegen Bezahlung veröffentlicht würden (vgl. Z. 33 ff.). Zudem seien im Internet auch manipulierte Videos der Aufständischen zu finden (vgl. Z. 45 ff.). Insgesamt sei es durch die unklare Informationslage für beide Kriegsparteien leicht, die Darstellung der anderen Seite anzuzweifeln. *(Einfluss von Videos)*

Zum Schluss weisen die Autoren darauf hin, dass viele in Syrien arbeitende Journalisten ihre Tätigkeit mit einem sowohl **humanitären** als auch **politischen Engagement** für die Zivilbevölkerung und die Opposition verknüpften (vgl. Z. 51 ff.). Auch werde die Arbeit der Journalisten durch eine zunehmend professionellere Öffentlichkeitsarbeit der FSA beeinflusst (vgl. Z. 56 ff.). *(Engagement von Journalisten)*

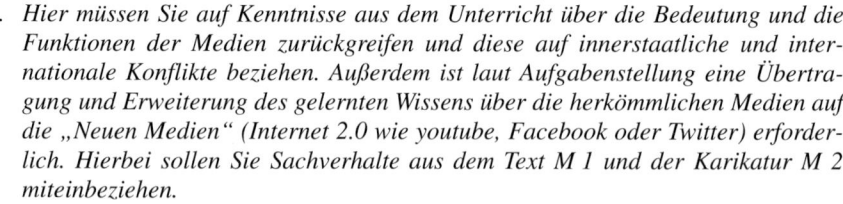

2. *Hier müssen Sie auf Kenntnisse aus dem Unterricht über die Bedeutung und die Funktionen der Medien zurückgreifen und diese auf innerstaatliche und internationale Konflikte beziehen. Außerdem ist laut Aufgabenstellung eine Übertragung und Erweiterung des gelernten Wissens über die herkömmlichen Medien auf die „Neuen Medien" (Internet 2.0 wie youtube, Facebook oder Twitter) erforderlich. Hierbei sollen Sie Sachverhalte aus dem Text M 1 und der Karikatur M 2 miteinbeziehen.*

Allgemein haben Medien die Aufgabe, die Menschen zu infor-
mieren, zu bilden und zu unterhalten. In Bezug auf die **politische Ebene** haben sie drei Funktionen zu erfüllen: Im Rahmen
der **Informationsfunktion** fällt den Medien die Rolle eines
„Gatekeepers" zu, da aus einer Vielzahl von Nachrichten eine
Auswahl zu treffen ist. Dies wiederum kann die öffentliche und
politische Diskussion zu bestimmten Themen beeinflussen
(**Meinungsbildungsfunktion** oder **Artikulationsfunktion**) bzw.
bestimmte Themen überhaupt erst auf die „Tagesordnung" der
öffentlichen Diskussion setzen (Agenda-Setting). Schließlich
übernehmen die Medien auch eine **Kontrollfunktion** gegenüber den politischen Entscheidungsträgern, indem sie zum Beispiel Entscheidungen kritisieren oder Skandale aufdecken.

Aufgabe der
Medien

Gerade in der **Außenpolitik** kommt den Medien eine bedeu-
tende Rolle zu, da die Menschen im Inland in der Regel keine
Informationen aus eigener Anschauung über weiter entfernt ge-
legene Gebiete haben, sodass sie für ihre Meinungsbildung auf
die Vermittlung durch die Medien angewiesen sind. Art und
Umfang der Darstellung internationaler Konflikte in den Medien können dabei durchaus eine wichtige Rolle bei der Meinungsbildung im Volk und letztlich auch bei außenpolitischen
Entscheidungen spielen. Dies zeigte sich zum Beispiel beim
Abzug US-amerikanischer Soldaten aus Somalia, nachdem Bil-
der von toten US-Soldaten in Somalia im US-Fernsehsender
CNN ausführlich gezeigt worden waren und die **öffentliche
Meinung** über den Einsatz **kippte** („CNN-Effekt"). Die Konfliktparteien waren und sind sich der Bedeutung der Medien
bewusst und setzen sie gezielt zur Beeinflussung von Meinun-
gen ein (**Propaganda**); so werden mitunter Journalisten als
„eingebettete Journalisten" (embedded journalists) eingesetzt,
um von der „Front" zu berichten – dabei behält sich das Militär
aber die Einhaltung gewisser Regeln vor und kann dadurch
Einfluss auf die Berichterstattung nehmen.

Bedeutung der
Medien

Beispiel

Neue Medien verändern die Kommunikationssituation. Im „Internet 2.0" ist potenziell jeder Mensch zugleich Sender und
Empfänger weltweiter Botschaften. Die Weltöffentlichkeit kann
sich durch die gleichzeitige Nutzung traditioneller und Neuer
Medien ein differenzierteres Bild über Konflikte und beteiligte
Akteure machen. Durch die Neuen Medien lassen sich in relativ
kurzer Zeit **weite Teile der Öffentlichkeit** in einen Konflikt
einbeziehen und so Entscheidungsträger bzw. die Öffentlichkeit
selbst zum Handeln bewegen – sei es zur Eskalation oder De-
eskalation eines Konfliktes.

Neue Medien

Darüber hinaus können die Medien, und insbesondere die Neu-
en Medien, durch die von ihnen vermittelte „Echtzeit", Einfluss

auf die Definition von Themen nehmen und damit politische Entscheidungsträger unter Handlungsdruck setzen (CNN-Effekt, siehe oben).

Durch die Neuen Medien kann die **Zensur** in Diktaturen teilweise umgangen werden. Damit dienen die Neuen Medien in erster Linie der Information und Organisation und werden zumindest in Diktaturen in der Regel unter Umgehung der „normalen" Informationskanäle verwendet. Damit füllen sie sowohl die Artikulations- als auch die Informationsfunktion der klassischen Medien neu aus.

Zensur

In Demokratien greifen die etablierten Medien Berichte aus den Neuen Medien auf und verstärken dadurch ihre Wirkung.

Allerdings werden die Inhalte Neuer Medien nicht überprüft und sind oft auch **nicht überprüfbar**, insbesondere in Konflikten. Dies hat zur Folge, dass der Nutzer, der einen direkten Zugriff auf Materialien hat, selbst in der **Verantwortung** ist, den Wahrheitsgehalt durch Vergleiche und zusätzliche Informationen zu verifizieren.

Probleme der Neuen Medien

Eine wichtige Bedeutung erlangen die Neuen Medien bei Konflikten auch dadurch, dass sich Gruppierungen national oder international über sie organisieren und vernetzen können. Bei gegenwärtigen und zurückliegenden Konflikten sind bzw. waren die Neuen Medien das entscheidende Instrument zur Vorbereitung von **Protestbewegungen** (z. B. arabischer Frühling).

Wie aus dem vorliegenden Text M 1 zu entnehmen ist, gewinnen die Neuen Medien eine überragende Bedeutung gerade für die Deutungshoheit in komplexen und unübersichtlichen Konflikten. Damit werden die Medien insgesamt gewissermaßen zu einer „Waffe" im Krieg bzw. Konflikt, so wie es in der Karikatur M 2 in zugespitzter Form dargestellt wird.

Bezug zu den Materialien

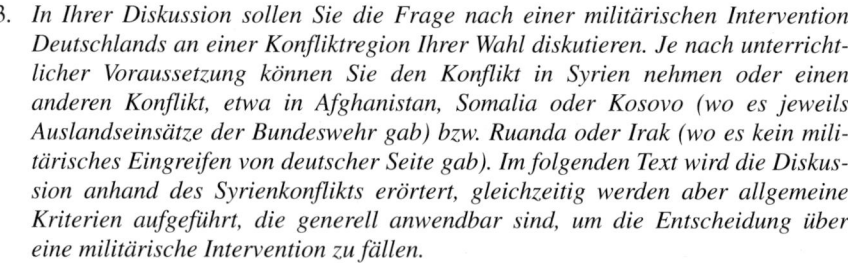

3. *In Ihrer Diskussion sollen Sie die Frage nach einer militärischen Intervention Deutschlands an einer Konfliktregion Ihrer Wahl diskutieren. Je nach unterrichtlicher Voraussetzung können Sie den Konflikt in Syrien nehmen oder einen anderen Konflikt, etwa in Afghanistan, Somalia oder Kosovo (wo es jeweils Auslandseinsätze der Bundeswehr gab) bzw. Ruanda oder Irak (wo es kein militärisches Eingreifen von deutscher Seite gab). Im folgenden Text wird die Diskussion anhand des Syrienkonflikts erörtert, gleichzeitig werden aber allgemeine Kriterien aufgeführt, die generell anwendbar sind, um die Entscheidung über eine militärische Intervention zu fällen.*

In Bezug auf den Einsatz **gewaltsamer Mittel** unterscheiden sich zwei Grundpositionen. Während radikale Pazifisten den Einsatz von Gewalt aus gesinnungsethischer Überzeugung heraus (Krieg kann nie eine Lösung sein, egal zu welchem Zweck, da Krieg als Instrument generell schlecht und daher abzulehnen ist) **kategorisch ablehnen**, sehen andere in ihm verantwortungsethisch ein „letztes Mittel" um **notfalls Schlimmeres** wie Menschenrechtsverletzungen oder Völkermord **zu verhindern**.

Einstieg: Anknüpfung an die Aufgabenstellung

Betrachtet man die verantwortungsethische Position, so stellt sich die Frage, unter welchen Voraussetzungen eine militärische Intervention gerechtfertigt ist. Dabei kann man auf die **antiken Kriterien** des „gerechten Krieges" zurückgreifen (Bellum-Iustum-Theorie).

Demnach ist ein Einsatz militärischer Mittel nur dann zu rechtfertigen, wenn folgende **sieben Kriterien** erfüllt sind:

Kriterien eines „gerechten Krieges"

1. Eine legitime Autorität wählt das Mittel der Kriegsführung (also Zustimmung des UN-Sicherheitsrates oder Selbstverteidigung nach Art. 51, Charta der UN).
2. Es liegt ein berechtigter Grund vor.
3. Ziel der Intervention ist es, etwas moralisch Gutes zu tun (z. B. Menschenrechtsverletzungen oder gar einen Völkermord zu beenden).
4. Eine militärische Intervention ist tatsächlich das geeignete Mittel, um das Ziel zu erreichen.
5. Mit dem militärischen Eingreifen verbinden sich hinreichende Erfolgsaussichten.
6. Es gibt keine anderen, friedlichen Alternativen mehr (Krieg nur als „ultima ratio", also als letztes Mittel).
7. Das Gebot der Verhältnismäßigkeit wird beachtet.

In den **Vereinten Nationen** gibt es Bestrebungen, die Weltgemeinschaft zum Eingreifen zu bewegen, wenn die Regierung eines Landes nicht willens oder nicht in der Lage ist, die eigene Bevölkerung vor Krieg, Hunger oder Zerstörung zu schützen. Diese sogenannte **Schutzverantwortung** oder responsibility to protect (R2P) verpflichtet die Mitglieder der UN allerdings nicht zu militärischem Eingreifen, schließt diese Option aber ausdrücklich mit ein, wobei auf die oben genannten Kriterien der Bellum-Iustum-Lehre Bezug genommen wird.

Position der UN

Grundsätzlich sind bestimmte formale Kriterien und die Konstanten der deutschen Außen- und Sicherheitspolitik zu beachten. Zu den formalen Kriterien zählen die Vorgaben **des Grundgesetzes** und völkerrechtlich die **Charta der Vereinten Nationen**. Zu den Leitlinien der deutschen Außenpolitik gehört, dass militärische Interventionen grundsätzlich nur **multilateral**, d. h.

formale Kriterien

gemeinsam mit anderen Partnern (NATO, EU, UN) durchgeführt werden und eines **gemeinsamen Beschlusses** bedürfen
(UN-Sicherheitsrat oder NATO-/EU-Beschluss). Außerdem
darf die Bundeswehr im Ausland nur eingesetzt werden, wenn
ein entsprechender Mehrheitsbeschluss des Bundestages ein-
geholt wird; daher rührt die Bezeichnung der Bundeswehr als
„Parlamentsarmee".

Zur **Diskussion der Frage**, ob Deutschland in einen Konflikt
militärisch eingreifen sollte, werden im Folgenden die sieben
Kriterien der Bellum-Iustum-Lehre als Prüfkriterien herangezogen.

Prüfung der
Kriterien

Im Falle des Syrien-Konflikts ist festzuhalten, dass **kein Beschluss des UN-Sicherheitsrats** vorliegt, der ein militärisches
Eingreifen autorisiert. Damit liegt auch keine völkerrechtliche
Legitimation für ein militärisches Eingreifen gegen den Willen
der syrischen Regierung vor.

legitime Autorität

Weitgehend unbestritten ist, dass es im Laufe des Konfliktes zu
Menschenrechtsverletzungen gekommen ist. Die Bekämp-
fung der Armee des Diktators al-Assad, aber auch die Bezwin-
gung der Terroristen des Islamischen Staates sind sicherlich
legitime Interventionsziele.

berechtigter
Grund,
moralische
Zielsetzung

Allerdings ist der Konflikt in Syrien ausgesprochen unüber-
sichtlich, es kämpfen **mehrere Konfliktparteien** gegeneinander (offizielle syrische Armee der Assad-Diktatur, oppositionelle Freie Syrische Armee, radikalislamische Al-Nusra-Front,
Islamischer Staat, kurdische Peschmerga und weitere Gruppierungen) und die **Parteiergreifung** für eine Seite erscheint **moralisch fragwürdig**, da von keiner Seite wirklich freiheitliche
und demokratische Ziele verfolgt werden. Zudem sind die **Erfolgsaussichten fragwürdig**.

taugliches Mittel,
Erfolgsaussichten

Am Widerstand des Westens sind bisher Versuche gescheitert,
mit allen Konfliktparteien auf dem Verhandlungsweg zu einer
Beendigung des Krieges zu gelangen. Viele NATO-Länder sind
der Ansicht, dass es keine Zukunft für Syrien mit Assad geben
dürfe. Außerdem weigert man sich, mit den Terroristen des IS
zu verhandeln.

ultima ratio,
Verhältnismäßig-
keit

Zu berücksichtigen sind außerdem die **politischen und mate-
riellen „Kosten"** einer militärischen Intervention:

Verweis auf die
Kosten einer
Intervention

– politische Destabilisierung einer Region wird möglicherweise nicht verhindert
– Entstehung neuer bzw. Verbreitung bestehender terroristi-
scher Organisationen
– Zerfall staatlicher Strukturen und damit einhergehend der
Verlust strategischer internationaler Partnerschaften (Was
folgt auf die Assad-Diktatur, wenn sie zerfällt?)

- zunehmende Migration aus Krisengebieten (Wird die Fluchtwelle aus Syrien wirklich gestoppt, wenn zwar die Kampfhandlungen durch eine ausländische Intervention beendet werden, die wirtschaftlichen Perspektiven aber trübe bleiben?)

Eine militärische Intervention gegen Assad und den IS könnte die Situation der **moderaten syrischen Kräfte stärken.** Allerdings würde nach einem militärischen Eingreifen vermutlich eine lange Zeit der Präsenz von ausländischen Interventionstruppen in Syrien vonnöten sein, um ein Wiedererstarken des IS oder eine Wiederkehr der Diktatur zu verhindern. Es ist mit einem **langen Friedensprozess** zu rechnen, ein einfacher „Friedensvertrag" würde wohl nicht ausreichen.

Argumente für eine Intervention

Aufgrund der **fehlenden Autorisierung** durch den UN-Sicherheitsrat verbietet sich für die Bundesrepublik Deutschland ein militärisches Eingreifen in Syrien. Außerdem lassen die **Vielzahl an Konfliktparteien** und die **unübersichtliche Lage** Zweifel aufkommen, wie groß die Erfolgsaussichten wären. Diese beiden Argumente wiegen meines Erachtens so schwer, dass die Argumente für ein militärisches Eingreifen in den Hintergrund rücken.

Fazit

Deutschland könnte jedoch versuchen, den Menschen, die unter den Menschenrechtsverletzungen der Kriegsparteien und unter dem Kriegsgeschehen generell leiden, auf andere Weise zu helfen, etwa durch die **Aufnahme von Flüchtlingen** aus dem Krisengebiet.

71

Checkliste

Aspekt	Ja	Teil-weise	Nein	Weiß nicht
TEILAUFGABE 1				
Habe ich die wesentlichen Informationen zum Text zusammengefasst? (Erscheinungsdatum, Autor etc.)	☐	☐	☐	☐
Konnte ich die Aspekte mit eigenen Worten wiedergeben?	☐	☐	☐	☐
Habe ich die Textnachweise der genannten inhaltlichen Aspekte erbracht und – sofern verwendet – Zitate nachgewiesen?	☐	☐	☐	☐
Folgt meine Lösung einem nachvollziehbaren Aufbau?	☐	☐	☐	☐
TEILAUFGABE 2				
Bin ich auf die Bedeutung der allgemeinen Medien eingegangen?	☐	☐	☐	☐
Bin ich auf die Bedeutung der Neuen Medien eingegangen?	☐	☐	☐	☐
Habe ich in diesem Kontext auf M 1 und M 2 Bezug genommen?	☐	☐	☐	☐
Konnte ich mein gelerntes Wissen durch sinnvolle Verknüpfung mit der Problemstellung zur Geltung bringen?	☐	☐	☐	☐
Folgt meine Erläuterung einem nachvollziehbaren Aufbau?	☐	☐	☐	☐
Habe ich sachlich formuliert und nicht persönlich Position bezogen?	☐	☐	☐	☐
TEILAUFGABE 3				
Habe ich die Aussage aus verschiedenen Blickwinkeln kontrovers beleuchtet?	☐	☐	☐	☐
Wird mein Urteil durch eine ausreichende Erörterung meiner Argumente gestützt?	☐	☐	☐	☐
Folgt meine Auseinandersetzung dem Aufbau „Einleitung – Argumentation – Fazit"?	☐	☐	☐	☐
Ist die Struktur meines Textes durch sprachliche Elemente für den Leser verständlich geworden? (z. B. Verwendung des Konjunktivs, strukturierende Begriffe wie „aber", „daher" …)	☐	☐	☐	☐

Thema: *Europäische Integration*
Dauer: *90 Minuten*

Aufgabenstellung

1. Fassen Sie die Aussagen des Autors zusammen.

2. Nennen Sie wichtige Stationen des Prozesses der europäischen Integration vom Zweiten Weltkrieg bis heute und erläutern Sie diese.

3. Nehmen Sie Stellung zu der Frage, welche Form und welche Intensität der Integration von den Staaten Europas angestrebt werden sollte.

M: Schaustück und Stückwerk

Wer hat Angst vor den Vereinigten Staaten? Damals, als sich von Mai bis September 1787 in Philadelphia die Delegierten der amerikanischen Staaten trafen, hatten wohl die meisten Angst vor dem Schritt von der losen Konföderation zur politischen Föderation [...].

5 Den großen Schritt zu den USA vollzogen die Gründerväter nicht aus Idealismus, sondern aus Pragmatismus. Europäische Investoren hatten nach dem Schulden treibenden Unabhängigkeitskrieg kein Vertrauen mehr in die zerrütteten Finanzen der jungen Konföderation. Politisch erschien diese den Bankiers in London und Amsterdam als zu uneins, zu schwach, zu zögerlich. Warum sollte Europa heute, getrieben
10 von inneren Widersprüchen (Einstimmigkeitsprinzip) und äußeren Zwängen (Schuldenlast), nicht denselben Schritt vom Staatenverbund zur politischen Union, zu den Vereinigten Staaten von Europa wagen? [...]
Im Grunde stehen der EU nur drei Wege offen. Zum einen der Weg in eine Stagnation, die eine schleichende Auflösung nach sich ziehen könnte. Darauf zielen der
15 Ruf nach Rückkehr zur D-Mark oder einem Austritt Großbritanniens. Der zweite Weg sucht im Dickicht der Krisen nach Schlupflöchern. Irgendwie muss es doch weiter gehen, man schlägt sich halt durch. Genau das haben die führenden Politiker der EU in den vergangenen Jahren versucht und dabei zwar die Katastrophe bislang vermeiden können, aber das Vertrauen der Bürger verspielt.
20 Bleibt der dritte Weg hinein in eine neuartige politische Union. Wir nennen sie die Vereinigten Staaten von Europa, auch wenn sie am Ende vielleicht anders heißen wird. Diese Union muss Demokratie und Bürger, Unionsbürger und Nationalbürger, die Teile und das Ganze in einer Verfassung miteinander versöhnen. Dafür müssen die inneren Regeln neu austariert werden: Die zentralen Institutionen sind ja bereits
25 geboren, das Europäische Parlament, die Kommission als Regierung, der Europäische Rat als Inkubationsraum für eine zweite Kammer, der Europäische Gerichtshof als oberster Schiedsrichter.

Aber die Institutionen werden derzeit in ihrem Wachstum und ihrer Entfaltung gehemmt durch Spielregeln, die vielen als zu kompliziert erscheinen. Wer muss was
30 tun, wer darf was nicht tun in dieser künftigen Union? Das sollte neu verhandelt werden, mit durchaus (selbst)kritischem Abstand zum bisher Geleisteten. Im Jargon nennt man dies eine Kompetenzordnung [...].

Schließlich wird auf dem Weg zu den Vereinigten Staaten von Europa eine Frage beantwortet werden müssen: Was werden die Vereinigungswilligen mit jenen tun, die
35 bisher treue Partner waren, den großen Schritt nach vorn aber (noch) nicht wagen oder gar (erst einmal) ablehnen? Gewiss, solche Abstände zwischen einer Avantgarde der Integration und den Zögernden und Zaudernden gibt es bereits, etwa beim Euro oder dem Beitritt zum Schengen-Raum. Aber das werden Petitessen sein im Vergleich zur Gründung der Vereinigten Staaten.
40 Heute wird gern die Frage gestellt: Wie hätten Sie's denn gern, lieber mehr Europa oder weniger? Beide Fragen sind wenig hilfreich. Es geht vielmehr um ein besseres Europa, ein demokratischeres und handlungsfähiges Gemeinwesen. Genau wie 1787. Damals haben die Wagemutigen den richtigen Weg gewiesen. Mit Zauderern und Prinzipienreitern hätte es die junge Republik nicht gegeben, die sich heute stolz
45 die älteste der Welt nennt. Darum gilt: Courage, Europa!

Joachim Fritz-Vannahme, Schaustück und Stückwerk, in: Das Parlament Nr. 41/42 vom 8. 10. 2012

Anmerkung
Joachim Fritz-Vannahme (geb. 1955), studierter Historiker, Literatur- und Politikwissenschaftler, viele Jahre als Journalist und Auslandskorrespondent in Paris und Brüssel tätig, ist Direktor des Programms „Europas Zukunft" der Bertelsmann-Stiftung.

Gewichtung der Teilaufgaben: 30 % : 40 % : 30 %

Lösungsvorschläge

1. *Der Operator „zusammenfassen" verlangt hier von Ihnen, ausgehend von einem Einleitungssatz die wesentlichen Aussagen des Textes in strukturierter und komprimierter Form unter Verwendung der Fachsprache herauszustellen.*

In seiner Stellungnahme „Schaustück und Stückwerk", veröffentlicht in der Zeitung „Das Parlament" vom 8. 10. 2012, plädiert Joachim Fritz-Vannahme von der Bertelsmann-Stiftung für die fortgesetzte und vertiefte Integration der Länder Europas, mit dem Ziel, die Vereinigten Staaten von Europa zu schaffen.

Quellenangabe, Hauptthese / Intention

In seiner Einleitung zieht der Autor Parallelen zwischen der **Situation der Gründerväter der USA** im Jahr 1787 und der aktuellen Situation der EU im Jahr 2012: Den Schritt zur Schaffung der USA „vollzogen die Gründerväter nicht aus Idealismus, sondern aus **Pragmatismus**" (Z. 5 f.).

Vergleich USA und EU

Nach dem Unabhängigkeitskrieg boten die hochverschuldeten konföderierten Einzelstaaten keine hinlängliche Sicherheit mehr

Schuldenkrise als Chance

74

für ausländische Investoren (vgl. Z. 6 ff.); der **Vertrauensverlust ausländischer Finanziers** sei letztlich eine Motivation dafür gewesen, den Schritt in die Vereinigung der nordamerikanischen Einzelstaaten zu wagen. Die EU befinde sich heute in einer ähnlichen Situation, bedrängt durch **innere Widersprüche** (Einstimmigkeitsprinzip) und **äußere Zwänge** (Schuldenkrise); die Lösung sei in einer vertieften Integration hin zu den Vereinigten Staaten von Europa zu sehen (vgl. Z. 9 ff.).

Eine **Stagnation des Integrationsprozesses** oder gar ein Zurückfahren des bereits erreichten Integrationsgrads als Reaktion auf die gegenwärtige Krise, etwa eine Rückkehr zur D-Mark oder der Austritt Großbritanniens, lehnt Fritz-Vannahme entschieden ab, da dies zu einer Auflösung der EU führen könne und das Erreichte gefährde (vgl. Z. 13 ff.).

(Randnotiz: drei Alternativen: erste Option)

Auch ein „Hindurchwursteln" durch die Krise, ein **Ausnutzen von Schlupflöchern** in den bestehenden Regelungen, um die Krise irgendwie zu überstehen, verwirft der Autor, denn dadurch sei nur das Vertrauen der Unionsbürger verspielt worden (vgl. Z. 15 ff.).

(Randnotiz: zweite Option)

Daher favorisiert er einen „dritte[n] Weg hinein in eine neuartige politische Union" (Z. 20), welche er als **Vereinigte Staaten von Europa** bezeichnet. Diese sollen eine demokratische Verfassung besitzen und die Machtverhältnisse und Zuständigkeiten der bestehenden europäischen Institutionen neu austarieren (vgl. Z. 22 ff.). Insbesondere müsse die Neufassung der europäischen „Spielregeln" weniger kompliziert sein als bisher (vgl. Z. 28 ff.). Der Autor gibt zu bedenken, dass bei einem Fortschreiten der Integration in Richtung eines **europäischen Bundesstaats** jedoch auch die Frage zu beantworten sei, was aus denjenigen EU-Mitgliedsländern werden soll, die (noch) nicht bereit oder willens sind, den Schritt mitzugehen (vgl. Z. 33 ff.).

(Randnotiz: dritte Option)

Am Schluss seines Textes appelliert Fritz-Vannahme an den **Mut der Europäer**, den Schritt zu **mehr Integration** zu wagen, und schließt seine Argumentationskette mit einem Verweis auf seinen Texteinstieg – den Erfolg der Gründerväter der USA (vgl. Z. 40 ff.).

(Randnotiz: Schlussappell)

2. Im Unterricht und in Schulbüchern erhalten Sie in der Regel einen kurzen geschichtlichen Überblick über wichtige „Meilensteine" der europäischen Integration. Diese sollen Sie hier nennen und kurz erläutern.

Hauptmotiv der europäischen Annäherung war nach dem Ende des Zweiten Weltkriegs eine tiefe **Friedenssehnsucht** bei weiten Teilen der Bevölkerung und der politischen Eliten Europas.

(Randnotiz: Motive für die europäische Einigung)

Der europäische Integrationsprozess begann ab 1950 mit der **deutsch-französischen Aussöhnung**. Aufgrund der Bedeutung der Schwerindustrie für die Rüstungsproduktion kam dieser zu Beginn des europäischen Annäherungsprozesses eine wichtige Rolle zu. 1951 wurde mit der **Europäischen Gemeinschaft für Kohle und Stahl** (EGKS, auch Montanunion genannt) daher genau dieser Bereich unter eine gemeinsame europäische Kontrolle gestellt, um künftig rüstungspolitische Alleingänge oder einseitige Aufrüstungsvorhaben zu verhindern. 1954 scheiterte allerdings der Versuch, mit der **Europäischen Verteidigungsgemeinschaft** Ansätze für eine gemeinsame (west)europäische Armee zu schaffen. 1957 wurde aus ähnlichen Überlegungen heraus wie seinerzeit bei der Gründung der EGKS eine gemeinsame Atomenergiebehörde geschaffen, die **Euratom**, die der Forschung zur friedlichen Nutzung der Kernenergie dienen sollte.

Schaffung gemeinsamer Institutionen

Gleichzeitig wurden in Rom die Verträge zur Gründung der **Europäischen Wirtschaftsgemeinschaft** (EWG) unterzeichnet. Die an dem Vertragswerk beteiligten Länder Belgien, Frankreich, Italien, Luxemburg, die Niederlande und die Bundesrepublik Deutschland waren auch schon bei der EGKS und Euratom beteiligt und gelten als die „**Kernstaaten**" der Integration. Sie hatten sich darauf verständigt, den Aufbau eines gemeinsamen Europas zunächst auf wirtschaftlichem Gebiet voranzutreiben.

Römische Verträge

Mit dem Ziel, die Wirtschaftsleistung der beteiligten Staaten zu steigern und die zwischenstaatlichen Beziehungen zu vertiefen, sah der EWG-Vertrag die Errichtung eines gemeinsamen Marktes und die allmähliche Angleichung der Wirtschaftspolitik in der Sechser-Gemeinschaft vor. Neben dem Aufbau einer **Zollunion** mit freiem Warenverkehr im Inneren und einheitlichen Zolltarifen nach außen stand eine **gemeinsame Agrarpolitik** und die **Liberalisierung des Personen-, Dienstleistungs- und Kapitalverkehrs** auf der Agenda. Der Binnenmarkt wurde jedoch erst 1993 verwirklicht.

wirtschaftliche Integration

Die wirtschaftliche Dynamik der EWG – der späteren EU – übte eine starke Anziehungskraft auf andere Staaten aus. So erweiterte sich die ursprüngliche Sechser-Gruppe 1973 um Dänemark, Großbritannien und Irland, 1981 um Griechenland, 1986 um Spanien und Portugal, 1990 um die neuen Länder der Bundesrepublik Deutschland und 1995 um Österreich, Finnland und Schweden.

Erweiterungen

Wenn die wirtschaftliche Zusammenarbeit auch den Kern der europäischen Einigung ausmachte, blieb die Entwicklung jedoch nicht dabei stehen. Mit dem **Vertrag von Maastricht** griff die Gemeinschaft das ehrgeizige Ziel einer umfassenderen und

politische Union

politisch vertieften Union auf. Der Vertrag eröffnete den Weg zu einer **Wirtschafts- und Währungsunion** (Einführung des Euro 1999, als Bargeld 2002), einer **gemeinsamen Außen- und Sicherheitspolitik** und einer engeren Zusammenarbeit in der Rechts- und Innenpolitik (u. a. Wegfall der innereuropäischen Grenzkontrollen nach dem **Schengener Abkommen**). Weitere Reformen – mit Verbesserungen im Bereich der Bürgerrechte, der Sozialpolitik, der inneren Sicherheit und der Außenpolitik – traten 1999 mit dem **Vertrag von Amsterdam** in Kraft. Zur Vorbereitung auf eine EU mit 27 Mitgliedern (2004: Aufnahme von Estland, Lettland, Litauen, Polen, Ungarn, Tschechische Republik, Slowakei, Slowenien, Malta und Zypern; 2007: Aufnahme von Rumänien und Bulgarien) wurden im **Vertrag von Nizza** notwendige Veränderungen in der Zusammensetzung und Arbeitsweise der EU-Institutionen vorgenommen. Das Projekt einer europäischen Verfassung scheiterte; wesentliche Änderungen wurden aber im **Vertrag von Lissabon** übernommen.

Im Jahr 2012, als die EU infolge der europäischen Schuldenkrise eine Phase der Verunsicherung und Anspannung erlebte, erhielt die Union in Anerkennung für ihre Leistungen bei der Sicherung für den Frieden in Europa den Friedensnobelpreis. — Friedensnobelpreis

2013 schließlich trat Kroatien als 28. Mitglied der EU bei und seit 2016 steht zum ersten Mal in der Geschichte der EU ein Austritt bevor, nachdem die Mehrheit der Briten für den Brexit gestimmt haben. — erster Austritt

3. *Bei dieser offenen Aufgabe ist ein weites Spektrum an Stellungnahmen möglich. Die Bewertung ergibt sich aus der Qualität der Argumentation einschließlich der inhaltlichen Auseinandersetzung mit möglichen Gegenargumenten zur eigenen Position. Eine Möglichkeit besteht darin, sich den Äußerungen Fritz-Vannahmes anzuschließen und dessen Argumentation aus der eigenen Perspektive zu ergänzen. Beispielsweise kann auf das geringere politische Gewicht der europäischen Einzelstaaten in Zeiten der Globalisierung oder eines uneinigen Europas im Weltkonzert der aufstrebenden Supermächte wie China und Indien verwiesen werden. Im folgenden Lösungsvorschlag wird die Position Fritz-Vannahmes dagegen kritisch beleuchtet.*

Fritz-Vannahme sieht die Zukunft Europas in einer zunehmenden Integration mit dem Ziel, in absehbarer Zeit „**Vereinigte Staaten von Europa**" zu erreichen. Diese Entwicklung erscheint **wenig realistisch**. — Bezugnahme auf Fritz-Vannahme

Ein schwerwiegender Einwand besteht darin, dass die Bürger gar keine Vertiefung der Integration wollen; Umfragen und Volksabstimmungen in den vergangenen Jahren haben immer — erster Einwand wieder erhebliche Skepsis oder **Ablehnung der Bürger** gegenüber einer fortschreitenden Integration offenbart (z. B. ablehnendes Referendum zur Europäischen Verfassung in den Niederlanden 2005, Brexit-Votum in Großbritannien 2016).

Ein anderer Einwand setzt an Fritz-Vannahmes Vergleich Europas mit den USA an, weil die Nationen Europas etwas ganz anderes sind als die 13 dünn besiedelten Gründerstaaten der USA am Ende des 18. Jahrhunderts. Letztere waren durch eine gemeinsame Sprache und gegen einen **gemeinsamen Feind** (die vormaligen britischen Kolonialherren) geeint. Die Vereinigten Staaten von Europa wären, wenn es sie überhaupt jemals geben sollte, sowohl wegen der nationalen und kulturellen Unterschiede als auch in Hinblick auf die Geschichte der europäischen Integration eine andersartige Form der Föderation. zweiter Einwand

V. a. mangelt es den Bürgern in Europa an einer **gemeinsamen Identität** und Sprache. Ebenso fehlen europäische Parteien, die mehr sind als Verbände nationaler Parteien, sowie eine europäische Medienwelt und Öffentlichkeit. dritter Einwand

Zu verweisen ist auch darauf, dass ein hohes Maß an Integration nicht automatisch **Frieden** und **Wohlstand** garantiert, was sich mit Blick auf die geschichtlichen Erfahrungen der früheren Sowjetunion oder des ehemaligen Jugoslawiens eindrucksvoll belegen lässt. vierter Einwand

Die Finalität, d. h. das Ziel der europäischen Integration, sollte daher nicht das Bilden eines europäischen Bundesstaats in möglichst kurzer Zeit, sondern eine weitaus **langsamere Integration** sein. Finalität Europas

Dabei ist zu berücksichtigen, dass sich aus der Sicht vieler Bürger und Politiker – nicht nur im traditionell europakritischen Großbritannien – die Integration **auf wirtschaftliche Bereiche beschränken** und die politische Integration nicht weiter fortschreiten soll. kleinster gemeinsamer Nenner

Als wünschenswertes und realistisches Szenario erscheint ein Modell, in dem die Integration flexibel fortgeführt wird. Einige Staaten, die eine intensivere Integration begrüßen, mögen diese verwirklichen; andere Staaten, die einzelne Integrationsschritte (noch) nicht mitgehen wollen, dürfen die weitere Entwicklung abwarten, ohne die EU verlassen zu müssen. Man spricht bei diesem Modell vom „**Europa der unterschiedlichen Geschwindigkeiten**" oder „**Europa der variablen Geometrie**". Dieses erleichtert auch die Aufnahme weiterer Mitgliedsländer. Fazit: Gegenvorschlag zu Fritz-Vannahme

Checkliste

Aspekt	Ja	Teil-weise	Nein	Weiß nicht
TEILAUFGABE 1				
Habe ich die wesentlichen Informationen zum Text zusammengefasst? (Erscheinungsdatum, Autor etc.)	☐	☐	☐	☐
Habe ich den Standpunkt des Verfassers erkannt?	☐	☐	☐	☐
Konnte ich die relevanten Aspekte mit eigenen Worten wiedergeben?	☐	☐	☐	☐
Habe ich die Textnachweise der genannten inhaltlichen Aspekte erbracht und – sofern verwendet – Zitate nachgewiesen?	☐	☐	☐	☐
Folgt meine Zusammenfassung einem nachvollzieh-baren Aufbau?	☐	☐	☐	☐
TEILAUFGABE 2				
Habe ich alle wesentlichen Stationen der europäischen Integration aufgeführt?	☐	☐	☐	☐
Bin ich über ein einfaches Nennen hinausgegangen und habe die einzelnen Stationen im Zusammenhang unter Verwendung von Beispielen erläutert?	☐	☐	☐	☐
Ist meine Darstellung für eine Person nachvollziehbar, die die europäische Integration nicht kennt?	☐	☐	☐	☐
Habe ich relevante Fachbegriffe richtig verwendet?	☐	☐	☐	☐
Habe ich sachlich formuliert und nicht persönlich Position bezogen?	☐	☐	☐	☐
TEILAUFGABE 3				
Habe ich mögliche Szenarien aus verschiedenen Blickwinkeln kontrovers beleuchtet?	☐	☐	☐	☐
Konnte ich mein gelerntes Wissen durch sinnvolle Verknüpfung mit der Problemstellung zur Geltung bringen?	☐	☐	☐	☐
Wird meine Position durch eine ausreichende Erörterung meiner Argumente gestützt?	☐	☐	☐	☐
Folgt meine Stellungnahme dem Aufbau „Einleitung – Argumentation – Fazit"?	☐	☐	☐	☐
Ist die Struktur meines Textes durch sprachliche Elemente für den Leser verständlich geworden? (z. B. Verwendung des Konjunktivs, strukturierende Begriffe wie „aber", „daher" …)	☐	☐	☐	☐

Thema: *Globalisierung*
Dauer: *90 Minuten*

Aufgabenstellung

1. Beschreiben Sie das Diagramm (M 1) und die Voraussetzungen der dargestellten Entwicklung.

2. Erläutern Sie die Auswirkungen der Globalisierung. Widerlegen Sie dabei die Behauptung, Globalisierung sei ein rein wirtschaftliches Phänomen.

3. Interpretieren Sie die Karikatur (M 2) und nehmen Sie Stellung zu deren Aussage.

M 1: Entwicklung des grenzüberschreitenden Warenhandels

Index (1960 = 1), in konstanten Preisen, Entwicklung in Prozent, weltweit 1950 bis 2015

Quelle: World Trade Organization (WTO): World Trade Statistical Review 2016; eigene Berechnungen, Lizenz: cc by-nc-nd/3.0/de/, http://www.bpb.de/nachschlagen/zahlen-und-fakten/globalisierung/52543/entwicklung-des-warenhandels (Bundeszentrale für politische Bildung)

M 2: Globalisierung als Chance

NEHME JEDEN JOB FÜR JEDEN LOHN

GLOBALISIERUNG ALS CHANCE

Thomas Plassmann, http://fm1.apm.ag/verdi_news_wcms/images/08_2006/bild_35537.jpg

Gewichtung der Teilaufgaben: 30 % : 40 % : 30 %

Lösungsvorschläge

1. *Bei der Beschreibung eines Diagramms können Sie sich am besten an der Drei-Schritt-Methode orientieren:*
   1. Was ist dargestellt? – 2. Wie ist es dargestellt? – 3. Was fällt auf?
   Anschließend sollen Sie die Voraussetzungen der dargestellten Entwicklung zusammenfassen.

Das Diagramm in M 1 wurde von der Bundeszentrale für politische Bildung erstellt und beruht auf Daten der Welthandelsorganisation (WTO) aus dem Jahr 2016. Dargestellt ist die Entwicklung des grenzüberschreitenden Warenhandels (Warenexport) im Vergleich zur weltweiten Warenproduktion in den Jahren 1950 bis 2015.
Die Daten sind als zwei Graphen in einem **Liniendiagramm** dargestellt, wobei auf der x-Achse die Jahre von 1950 bis 2015 und auf der y-Achse die Werte von 0 bis 18 abgetragen sind. Die Werte sind nicht in absoluten Zahlen, sondern als Indexwerte in konstanten Preisen (also unter Berücksichtigung der Inflation) angegeben, wobei das Jahr 1960 als Ausgangsbasis mit dem Indexwert 1 genommen wurde.

Diagramm-beschreibung

Es fällt auf, dass der Warenexport im betrachteten Zeitraum viel stärker gewachsen ist (nämlich vom Wert 1 im Jahre 1960 auf den Wert 18,3 im Jahr 2015, also mehr als eine Verachtzehnfachung) als die globale Warenproduktion, welche sich „nur" knapp versiebenfacht hat. Dies veranschaulicht die zunehmende Bedeutung des Welthandels, womit ein zentraler Aspekt der **Globalisierung** benannt ist.

Zu den Voraussetzungen der **Globalisierung** zählen infrastrukturelle, technologische und politische Entwicklungen.

Voraussetzungen der Entwicklung:

Eine Voraussetzung für die Ausweitung des Welthandels war die erhebliche Reduktion der **Transportkosten** bei gleichzeitiger Erhöhung der **Transportgeschwindigkeiten**. Dazu trug im Warenverkehr der Siegeszug der Containerschifffahrt bei, durch die heute ein Großteil des weltweiten Handelsverkehrs geleistet wird.

Transportmittel

Eine weitere wichtige Voraussetzung war der Fortschritt in der **Informations- und Kommunikationstechnik**. Telefon- und Internetverbindungen ermöglichen es zu immer geringeren Kosten, auch große Distanzen zu überwinden. Ohne das Internet wäre das heutige Ausmaß der Globalisierung, wie es sich beispielsweise in den globalisierten Finanzmärkten oder der Herstellung von Produkten in internationalen Produktionsketten zeigt, kaum vorstellbar.

technologische Fortschritte

Die Globalisierung gewann nach dem **Ende des Ost-West-Konflikts**, der die Welt in zwei relativ getrennte Blöcke geteilt hatte, erheblich an Dynamik. Der weltweite Abbau von Zöllen und der Beitritt vieler Länder zur WTO, die sich die Verwirklichung des **globalen Freihandels** zum Ziel gesetzt hat, waren wichtige politische Weichenstellungen, die die Ausweitung des Welthandels, wie sie in M 1 zu beobachten ist, ermöglicht haben.

politische Entscheidungen

2. *Bei Ihrer Erläuterung sollten Sie sich an den verschiedenen Dimensionen der Globalisierung orientieren:*
1. wirtschaftliche Dimension, 2. soziokulturelle Dimension, 3. politische Dimension, 4. ökologische Dimension.
Diese Gliederung hilft Ihnen, Ihre Gedanken strukturiert aufs Papier zu bringen und eine plausible Widerlegung der These aus der Aufgabenstellung aufzubauen.

Die Ausweitung des Welthandels bedeutet für **offene Volkswirtschaften** sowie für den einzelnen **Bürger**, dass Waren und Dienstleistungen jeweils dort gekauft werden können, wo diese am billigsten hergestellt werden. Dementsprechend kann z. B. der private Konsum steigen. **Unternehmen** können einerseits Zulieferteile günstiger einkaufen; andererseits wird der Wettbewerb härter, wenn ausländische Konkurrenten auf den Markt

wirtschaftliche Dimension

drängen. Für **Arbeitnehmer** kann die Globalisierung negative Auswirkungen haben, wenn sie etwa zu struktureller Arbeitslosigkeit führt, da Unternehmen oder sogar ganze inländische Branchen im globalen Wettbewerb nicht mehr mithalten können. In wettbewerbsfähigen Branchen können dagegen erst recht Arbeitskräfte gesucht werden.

Neue Kommunikations- und Reiseformen führen zu einem **Verlust räumlicher Distanz**; die Medien bringen Nachrichten aus aller Welt in kürzester Zeit an die Öffentlichkeit („Global Village", die Welt als „globales Dorf"). Unter dem Einfluss globaler, v. a. US-amerikanischer Medien kommt es zu einer **Angleichung der Konsum- und Lebensstile** an den „american way of life" in vielen Teilen der Welt („McDonaldisierung"). *[soziokulturelle Dimension]*

Die Globalisierung bringt einen **Souveränitätsverlust** für die Nationalstaaten mit sich, da Unternehmen sich im globalen **Standortwettbewerb** ihren Standort frei aussuchen können und die Nationalstaaten in Hinsicht auf Lohnhöhen sowie Sozial- und Umweltstandards unter Druck geraten. Allerdings versuchen viele Staaten dem durch **internationale Kooperation** (z. B. EU) zu begegnen. *[politische Dimension]*

Der zunehmende Handel und Verkehr bringt ökologische Belastungen mit sich. Globale Probleme wie der **Treibhauseffekt** machen vor nationalen Grenzen nicht halt. Globale Umweltprobleme bedingen, dass die Welt zu einer Art **Risikogemeinschaft** wird, die nur durch internationale Zusammenarbeit ihre Probleme bewältigen kann. *[ökologische Dimension]*

Aus der Erläuterung der Auswirkungen wird deutlich, dass sich das Phänomen Globalisierung angesichts seiner politischen, ökologischen und soziokulturellen Dimensionen keinesfalls auf wirtschaftliche Aspekte beschränkt. *[Fazit: Widerlegung]*

3. *Bei einer Interpretation sollen Sie Sinnzusammenhänge aus einem Material herausarbeiten, bei einer Karikatur also die Aussageabsicht des Zeichners erkennen. Da eine genaue Beobachtung Grundlage einer korrekten Interpretation ist, sollten Sie die Karikatur jedoch zunächst beschreiben. Schließlich sollen Sie zur Karikatur – v. a. zur Aussageabsicht des Karikaturisten – Stellung nehmen.*

Die Karikatur von Thomas Plassmann zeigt einen Mann mit heruntergezogenen Mundwinkeln, der allein vor einem Haus steht. Über seinem Oberkörper hat er ein großes Schild mit der Aufschrift „Nehme jeden Job für jeden Lohn" hängen. Die Karikatur hat die Unterschrift „Globalisierung als Chance". *[Karikaturbeschreibung]*

Das Bild erinnert an Abbildungen aus der Zeit der **Weltwirtschaftskrise Anfang der 1930er-Jahre**, die zeigen, wie Männer und Frauen mit ähnlich gestalteten Schildern als „wandeln- *[Interpretation]* de Litfaßsäulen" Werbung in eigener Sache machten, weil sie verzweifelt einen Arbeitsplatz suchten.

Plassmann stellt in seiner Karikatur die möglichen negativen **Folgen der Globalisierung für Arbeitnehmer** dar. Durch den Freihandel und die Globalisierung geraten Arbeitnehmer unter Wettbewerbsdruck mit Arbeitnehmern in anderen Ländern, darunter auch solchen aus Schwellen- und Entwicklungsländern mit deutlich geringeren Stundenlöhnen. Die Karikatur greift das Problem auf, dass die Globalisierung zwar einigen Arbeitnehmern die Chance bietet, in aufstrebenden Exportbranchen zu arbeiten, gleichzeitig aber andere Arbeitnehmer ihre **Arbeitsplätze verlieren**, wenn ihre Arbeitgeber nicht mehr international konkurrenzfähig sind. Sollten sich die Nationalstaaten dann durch den internationalen Standortwettbewerb gezwungen sehen, die **soziale Absicherung** z. B. bei Arbeitslosigkeit zu senken, kann es zu der von Plassmann beschriebenen Situation kommen. Die Senkung des sozialen Absicherungsniveaus kann dadurch bedingt sein, dass die Staaten ihre Ausgaben reduzieren müssen, um Steuern und Sozialabgaben für die Unternehmen zu verringern, damit diese nicht in andere, für sie billigere Länder abwandern. Die Bildunterschrift „Globalisierung als Chance" ist **ironisch** oder gar zynisch gemeint, denn natürlich ist die Perspektive, „jeden Job für jeden Lohn" ausüben zu müssen, sehr betrüblich, worauf auch der Gesichtsausdruck des Mannes hindeutet.

Zwar sind die Zusammenhänge, auf die sich Plassmann bezieht, plausibel, jedoch stellt er diese in seiner Karikatur zu einseitig dar. Die Bundesrepublik ist, obwohl Hochlohnland, eine der größten **Exportnationen** der Welt und profitiert somit sehr von der Ausweitung des **Freihandels** im Zuge der Globalisierung. Auch sinkt das Lohnniveau nicht auf das Niveau etwa von Schwellen- und Entwicklungsländern, weil die Produktivität deutscher Arbeitnehmer viel höher ist und die **Lohnstückkosten** damit in vielen Fällen konkurrenzfähig sind.

Stellungnahme

Tatsächlich unter Druck geraten allerdings **geringer qualifizierte Arbeitskräfte**, da dort die Konkurrenz mit ungelernten Arbeitskräften in Schwellen- und Entwicklungsländern besonders groß ist. Ganze Branchen, wie etwa die Textilindustrie, sind deswegen in Deutschland schon weggebrochen.

Durch den **Mindestlohn** und die **soziale Absicherung** in Deutschland ist ohnehin niemand gezwungen, „jeden Job zu jedem Lohn" anzunehmen. In Bezug auf Deutschland scheint die Karikatur insofern übertrieben; in anderen Ländern, ohne entsprechende soziale Absicherung, gibt es dieses Problem durchaus – allerdings nicht erst seit der Globalisierung.

Checkliste

Aspekt	Ja	Teil-weise	Nein	Weiß nicht
TEILAUFGABE 1				
Habe ich die wesentlichen Informationen zum Diagramm zusammengefasst? (Datum, Herausgeber etc.)	☐	☐	☐	☐
Ist meine Beschreibung für eine Person nachvollziehbar, die das Diagramm nicht vorliegen hat?	☐	☐	☐	☐
Konnte ich die dargestellte Entwicklung unter richtiger Verwendung von Fachbegriffen darlegen?	☐	☐	☐	☐
Bin ich im Besonderen auf die Voraussetzungen dieser Entwicklung eingegangen?	☐	☐	☐	☐
Folgt meine Lösung einem nachvollziehbaren Aufbau?	☐	☐	☐	☐
TEILAUFGABE 2				
Habe ich die Auswirkungen der Globalisierung treffend zusammengefasst?	☐	☐	☐	☐
Habe ich die wirtschaftliche Dimension der Globalisierung von anderen Dimensionen abgegrenzt?	☐	☐	☐	☐
Habe ich relevante Fachbegriffe richtig verwendet?	☐	☐	☐	☐
Habe ich sachlich formuliert und nicht persönlich Position bezogen?	☐	☐	☐	☐
Ist die Struktur meines Textes durch sprachliche Elemente für den Leser verständlich geworden? (z. B. Verwendung des Konjunktivs, strukturierende Begriffe wie „aber", „daher" ...)	☐	☐	☐	☐
TEILAUFGABE 3				
Habe ich die wesentlichen Informationen zur Karikatur zusammengefasst? (Erscheinungsdatum, Zeichner etc.)	☐	☐	☐	☐
Bin ich auf alle Details im Bild eingegangen?	☐	☐	☐	☐
Ist meine Beschreibung für eine Person nachvollziehbar, die die Karikatur nicht kennt?	☐	☐	☐	☐
Habe ich die Hauptaussage des Karikaturisten herausgestellt und Position zu dieser bezogen?	☐	☐	☐	☐
Habe ich die Aussage aus verschiedenen Blickwinkeln kontrovers beleuchtet?	☐	☐	☐	☐
Folgt meine Interpretation einem nachvollziehbaren Aufbau?	☐	☐	☐	☐
Konnte ich mein gelerntes Wissen durch sinnvolle Verknüpfung mit der Problemstellung zur Geltung bringen?	☐	☐	☐	☐

Thema: *Bundeswehr, Deutsche Außenpolitik*
Dauer: *90 Minuten*

Aufgabenstellung

1. Legen Sie die Hauptaussagen des Verfassers dar.

2. Erläutern Sie, welche Konsequenzen sich aus den Aussagen des Verfassers für die Bundeswehr ergeben können.

3. Nehmen Sie Stellung zu der Frage, ob sich die Bundeswehr aus internationalen Militärinterventionen heraushalten soll. Entwerfen Sie auf dieser Grundlage eine kurze Rede vor dem deutschen Bundestag, in der Sie Ihre Meinung vertreten.

M: **Gerhard Kümmel[1]: Das Ende der Interventionen wie wir sie kennen?**

Es kann gut sein, dass der Einsatz in Afghanistan den zumindest vorläufigen Höhepunkt westlicher Interventionspolitik nach dem Ende des Ost-West-Konflikts markiert. Er ist letztlich zu einem umfassenden und ambitionierten Peace- und State-Building-Einsatz mutiert, vielleicht um ihn einer kritischen Öffentlichkeit besser,
5 weil moralinhaltiger verkaufen zu können. Diese Überhöhung in den Zielen hat letztlich dazu geführt, dass Afghanistan im öffentlichen Diskurs bisweilen unter dem Label einer grandios gescheiterten Intervention gehandelt wird. Sicherlich, es sind Schulen und Brunnen gebaut, Polizisten ausgebildet, nationale Streitkräfte aufgestellt, politische Strukturen mitgestaltet und zarte zivilgesellschaftliche Pflänzchen
10 gepflanzt worden.

Das ist beileibe nicht wenig, aber zu wenig, um den Einsatz in den Begrifflichkeiten von Sieg und Erfolg zu fassen. Denn die Taliban sind nicht besiegt worden, ihre Rückkehr an die Macht kann nicht ausgeschlossen werden, die regionale Stabilität ist unsicher, die politische Zukunft des Landes nach Abzug der ISAF-Truppen ist unge-
15 wiss – möglicherweise haben wir es in absehbarer Zukunft erneut mit einem sicherheitspolitische Gefährdungen aussendenden „Failing state" zu tun – und die Gefahren für die Jugend in den westlichen Gesellschaften durch Drogen, die zum großen Teil auf einen Anbau in Afghanistan zurückgehen, sind während des letzten Jahrzehnts eher größer als kleiner geworden. Eigentlich müsste der Westen also länger in Afgha-
20 nistan bleiben, vielleicht sogar so lange, wie seinerzeit die Alliierten nach dem Zweiten Weltkrieg in Deutschland.

Doch der Westen ist müde und ausgelaugt: Müde und ausgelaugt ist die westliche Vormacht, die USA, die unter Barack Obama das Kapitel Afghanistan lieber früher als später abschließen möchten. Müde und ausgelaugt sind ihre Partner, die immer
25 größere Schwierigkeiten haben, den Afghanistaneinsatz politisch für sich selbst zu

rechtfertigen und anderen politisch zu verkaufen. Müde und ausgelaugt sind die westlichen Streitkräfte, die sich in einer Counterinsurgency-Mission[2] im gegenwärtigen weitgefassten Sinne wiederfinden, bei dem die Einsätze hoch, die Gefahren für Leib und Leben enorm, der erzielte und absehbare Erfolg aber begrenzt sind. Müde und
30 ausgelaugt sind die westlichen Gesellschaften, die mit ihren Problemen vor der eigenen Haustür mehr zu tun haben, als ihnen lieb ist.

Müde und ausgelaugt sind die Geldbeutel des Westens, die unter den Vorzeichen einer tiefen und längerdauernden Finanzkrise auch nicht so problemlos wieder aufzufüllen sein werden, wenn ein Rettungsschirm nach dem anderen zu basteln ist. Müde
35 und ausgelaugt erscheinen auch die Soldaten in den Missionen, die mit ihrem Einsatz mehr zu erreichen hofften als tatsächlich eingetreten ist und die demzufolge eine kritische Bilanz ihres Einsatzes ziehen [...].

[D]ie Zukunft wird anders, und zwar deutlich anders, sein als die Vergangenheit. Diese Zukunft wird absehbar [...] eine postinterventionistische sein [...]. Postinter-
40 ventionismus meint nicht Non-Interventionismus. Interventionen wird es in Zeiten der Globalisierung, Transnationalisierung und Internationalisierung weiter geben, zumal solche mit zivilen Instrumenten. Aber auch militärische Interventionen verbleiben im Portfolio der Staaten des Westens [...]. Doch diese Interventionen werden voraussichtlich überwiegend andere beziehungsweise anders geartet sein [...].
45 Erstens werden westliche Interventionen noch selektiver als in der Vergangenheit sein. Dabei ist das Selektionskriterium das jeweilige nationale Interesse [...]. Zweitens werden westliche Interventionen weitaus weniger ambitioniert als in der Vergangenheit sein [...]. Drittens werden Interventionen weitaus schwieriger einer kritischen Öffentlichkeit schmackhaft gemacht werden können als in der Vergangenheit.
50 Die Selbstbezogenheit, um nicht zu sagen der Egoismus westlicher Gesellschaften, nimmt in Zeiten der Krise zu [...]. Viertens werden westliche Interventionen noch technologielastiger werden als in der Vergangenheit. Die Entwicklung von „Unmanned Aerial Vehicles", von Drohnen, wird mit noch größerem Eifer vorangetrieben werden, um [...] eigene Bodentruppen nach Möglichkeit zu vermeiden und die
55 eigenen Verluste niedrig zu halten, um nicht unnötig in Legitimations- und Akzeptanzprobleme zu geraten. Fünftens können westliche Interventionen künftig selbst bei vorhandener Interventionsbereitschaft einiger Akteure oftmals nicht durchgeführt werden, weil die Unterstützung der USA fehlt [...].

Gerhard Kümmel, Das Ende der Interventionen wie wir sie kennen? Oder: Auf dem Weg in eine postinterventionistische Ära?, in: if – Zeitschrift für Innere Führung Nr. 3/2012, S. 5–8.

Anmerkungen
1 Gerhard Kümmel ist Wissenschaftlicher Direktor am Sozialwissenschaftlichen Institut der Bundeswehr (SOWI) in Strausberg (Brandenburg) und leitet dort den Forschungsschwerpunkt „Transformation der Bundeswehr".
2 Counterinsurgency: Aufstandsbekämpfung

Gewichtung der Teilaufgaben: 30 % : 30 % : 40 %

Lösungsvorschläge

1. *Da Sie hier die Kernaussagen des Verfassers herausarbeiten sollen, empfiehlt es sich, nach dem Basissatz, in dem die wichtigsten Informationen über die Quelle enthalten sind, sofort mit der Hauptthese zu beginnen.*

Der vorliegende Text „Das Ende der Interventionen wie wir sie kennen?" stammt von Gerhard Kümmel, Wissenschaftlichem Direktor am Sozialwissenschaftlichen Institut der Bundeswehr in Strausberg, und wurde im Jahr 2012 in der Zeitschrift „if – Zeitschrift für Innere Führung" veröffentlicht. — *Quellenangabe*

Die Hauptthese des Autors besagt, dass in naher Zukunft ein **verändertes Interventionsverhalten des Westens** zu beobachten sein wird, welches zu andersartigen Interventionen, d. h. zu Interventionen mit anderen Schwerpunkten als in der jüngeren Vergangenheit, führen wird. — *Hauptthese*

Der Abzug der ISAF-Truppen aus Afghanistan werde eine Epoche beenden, die mit dem Ende des Ost-West-Konflikts begonnen habe und von westlichen Interventionen geprägt gewesen sei (vgl. Z. 1 ff.). Zur Friedenssicherung, zur Durchsetzung von Menschenrechten oder auch zum Statebuilding griffen vornehmlich westliche Staaten in Krisenherde wie in **Afghanistan** ein (vgl. Z. 3 ff.). Doch die Probleme dort zeigten die begrenzten Möglichkeiten von Interventionen auf (vgl. Z. 11 ff.) und lassen nach Ansicht des Autors erwarten, dass Öffentlichkeit und Entscheidungsträger in den westlichen Staaten vom bisherigen Konzept militärischer Interventionen abrücken werden. — *Bezugnahme auf vergangene Ära*

Als Ursache führt Kümmel an, dass die westlichen Staaten „müde und ausgelaugt" (Z. 22) seien: allen voran die USA, wo es Barack Obama – ebenso wie den politischen Führern in anderen westlichen Staaten – immer schwerer falle, den Afghanistaneinsatz vor den Wählern **politisch zu rechtfertigen** (vgl. Z. 22 ff.). Die Streitkräfte seien es leid, große **Opfer für einen zweifelhaften Erfolg** – gemessen an den hehren Zielen wie der Durchsetzung von Menschenrechten und Demokratie oder der Stabilisierung zerrütteter Staaten – zu erbringen (vgl. Z. 26 ff., Z. 34 ff.). In Zeiten **wirtschaftlicher Probleme** (Finanz-, Wirtschafts-, Schuldenkrise) seien die öffentlichen Kassen leer und das Interesse der Bürger (d. h. Wähler) ohnehin stärker auf die eigene Wirtschaft gerichtet (vgl. Z. 29 ff.). Auslandseinsätze seien der kritischer gewordenen heimischen Öffentlichkeit immer schwieriger zu vermitteln (vgl. Z. 4 f.). — *Begründung der Hauptthese*

Dies alles verstärke die Tendenz des Wechsels zu einer neuen außenpolitischen Doktrin, die Kümmel als **Postinterventionismus** bezeichnet (vgl. Z. 39 f.). Damit meint er nicht, dass sich — *Merkmale der kommenden Ära* die westlichen Staaten gänzlich aus ihrer weltpolitischen Verantwortung stehlen oder sich vollkommen von zivilen und militärischen Auslandseinsätzen zurückziehen würden (Isolationismus) (vgl. Z. 40 ff.). Es werde jedoch **seltener** zu Interventionen kommen, da die USA als wichtige militärische Großmacht oftmals nicht zu einer Intervention bereit sein würden, z. B. wenn ihre nationalen Interessen nicht betroffen sind (vgl. Z. 56 ff.); die Einsätze würden sich stärker an den **nationalen Interessen** orientieren (vgl. Z. 46) und die Interventionsziele würden bescheidener sein (vgl. Z. 46 ff.). Des Weiteren werde die Art der Interventionen noch **technologielastiger**, um den Einsatz von Bodentruppen zu vermeiden und eigene Verluste zu minimieren (z. B. Einsatz von unbemannten Kampf- und Aufklärungsdrohnen) (vgl. Z. 51 ff.). Auch aufgrund dieser Merkmale werde es zudem schwieriger werden, die **Unterstützung** der Öffentlichkeit für die Einsätze zu gewinnen (vgl. Z. 48 f.).

2. *Teilaufgabe 2 entspricht dem Anforderungsbereich II: Sie geht über den Text hinaus und verlangt von Ihnen, aus den Äußerungen des Verfassers naheliegende Konsequenzen für die Bundeswehr abzuleiten.*

Die Bundeswehr hat sich seit den 1990er-Jahren von einer territorialen Verteidigungsarmee zu einer global einsetzbaren und agierenden **Interventionsarmee** entwickelt. Sollten die vom Autor postulierten Veränderungen tatsächlich eintreten, würde dies Konsequenzen für die deutsche Außenpolitik und somit auch für die Bundeswehr nach sich ziehen.

Einstieg: Transformation der Bundeswehr nach 1990

Der Autor geht davon aus, dass es **weiterhin militärische Interventionen** geben wird, bei denen aber die nationalen Interessen der eingreifenden Staaten im Vordergrund stünden. Sollte dieses Szenario eintreten, ist davon auszugehen, dass die nationalen Interessen Deutschlands nicht zwangsläufig dieselben sein werden wie die der USA (z. B. durch unterschiedliche Energiepolitik). Bisher waren größere militärische Interventionen – auch im Kontext von UNO und NATO – ohne die **Beteiligung der USA** nahezu undenkbar; schon allein aufgrund der Tatsache, dass die USA das notwendige militärische Equipment hierfür besitzen (Flugzeugträger, weltweite Militärbasen usw.). Soll die Bundeswehr zur Verteidigung ihrer nationalen Interessen größere Interventionen eigenständig, also unabhängig v. a. von den USA, durchführen können, müssten ihr entsprechende **eigene militärische Mittel** zur Verfügung stehen; eventuell auch durch Kooperationen innerhalb der EU. Dies würde die Notwendigkeit zur **Aufrüstung** bedeuten.

nationale Interessen

Zur Vermeidung eigener Verluste, zur Minimierung der Kosten und zwecks einer leichteren Legitimierung der Einsätze in der Öffentlichkeit müsste die Bundeswehr verstärkt mit **Mitteln der unbemannten Verteidigung** ausgerüstet werden, z. B. mit leistungsfähigen Drohnen.

technologische Aufrüstung

Es ist also festzuhalten, dass sich das **Aufgabenspektrum** der Bundeswehr nicht verringern würde, auch wenn die Interventionsziele weniger ambitioniert wären. Die Bundeswehr bliebe eine „Armee im Einsatz", die versuchen müsste, mit möglichst geringem Mitteleinsatz die gesteckten Ziele zu erreichen.

Fazit

3. *Hier geht es im Kern um die Gegenüberstellung von Isolationismus und Interventionismus. Zu einer überzeugenden Rede gehören geeignete Argumente genauso wie die Auseinandersetzung mit möglichen Gegenargumenten. Erwartet werden zudem die Anwendung passender rhetorischer Mittel und die strukturierte Gliederung der Rede. Denkbar ist z. B. die Anwendung des AIDA-Konzepts: Zu Beginn die Aufmerksamkeit der Zuhörer auf das Thema der Rede lenken (Attention), dann die Bedeutung des Themas veranschaulichen, um das Interesse der Zuhörer aufrecht zu erhalten (Interest), anschließend die eigene Argumentation so überzeugend darlegen, dass in den Zuhörern der Wunsch entsteht, das dargelegte Problem im Sinne des Redners zu lösen (Desire), und schließlich die Aufforderung zu einem bestimmten Handeln (Action).*

Im folgenden Lösungsvorschlag werden Auslandseinsätze befürwortet. Mögliche Argumente einer Rede kontra militärische Auslandseinsätze wären:

– *Der Auslandseinsatz in Afghanistan hat eine mäßige Bilanz vorzuweisen (viele Opfer sowohl unter den Soldaten als auch in der afghanischen Zivilbevölkerung, hohe Kosten, dennoch keine stabile Demokratisierung, keine Eindämmung des Drogenanbaus, weiterhin zerbrechliche Sicherheitslage).*

– *Mit militärischen Mitteln kann man kein Land „demokratisieren". Demokratie muss sich im Land selbst entwickeln, wofür zivile Friedensdienste geeigneter wären als Soldaten.*

– *Die großen Sicherheitsrisiken des 21. Jahrhunderts sind militärisch nicht zu lösen: Terrorismus (tote Zivilisten durch militärische Einsätze ziehen regelmäßig neue Anschläge nach sich), Hunger bzw. Armut und der globale Klimawandel. Im Gegenteil fehlt das für Rüstung ausgegebene Geld für Entwicklungshilfe, Forschung und Klimaschutzprojekte.*

Sehr geehrter Herr Bundestagspräsident, sehr geehrte Damen und Herren,

im Jahr 1994 schlachteten sich Hutu und Tutsi in **Ruanda** vor den Augen der Weltöffentlichkeit gegenseitig ab, starben Hunderttausende Menschen, weil die UN-Mitgliedsländer nicht bereit waren, in hinreichendem Maße zu intervenieren.

Attention

Internationales Recht dient letztendlich dem **Schutz von Menschen**. Es verbietet zwischenstaatliche Kriege – mit der einzi-

Interest

gen legitimen Ausnahme der Verteidigung gegen einen bewaffneten Angriff. Heute aber wüten Kriege häufig innerhalb eines Landes. Manche Regierungen missbrauchen das **Souveränitätsprinzip** als Lizenz zum Töten, andere sind zu schwach, die Bevölkerung vor Warlords oder Paramilitärs zu schützen.

Generell gilt, dass der Zusammenbruch oder der Missbrauch von Staatlichkeit, der sich etwa in **Bürgerkriegen** äußert, zu Mord oder sogar zu **Völkermord** führen kann. Die meisten Opfer dabei sind Zivilisten. Massenhaft werden Menschen vertrieben, leiden unter Hunger und Seuchen. Wenn die UNO ihr Mandat hinsichtlich der internationalen Sicherheit ernsthaft verwirklichen will, muss sie Zivilisten schützen. Sonst werden wir weiterhin Zeugen von Völkermorden wie in Ruanda. Desire

Nach dem herkömmlichen Souveränitätsverständnis sieht das Völkerrecht nur Staaten als Träger von Rechten und Pflichten vor – egal, wie sie ihre Bürger behandeln. Es muss jedoch auch festgestellt werden, dass **Individuen Rechte haben**. Internationale Menschenrechtskonventionen verbieten Gräueltaten und die UN-Charta ermächtigt die UNO dazu, von solchen Verbrechen bedrohte Menschen zu schützen – vorausgesetzt, ein entsprechender Beschluss des UN-Sicherheitsrats liegt vor.

Doch das internationale Recht muss auch durchgesetzt werden. Es muss ganz konkret Menschen geben, die die bedrohten Zivilisten schützen. Dazu braucht es Interventionstruppen, dazu braucht es das **Engagement** hilfswilliger und -fähiger UN-Mitgliedsländer, denn die UNO hat keine eigenen Truppen und ist auf das Entgegenkommen ihrer Mitglieder angewiesen.

Meine Damen und Herren, ich behaupte nicht, dass sich mit militärischen Interventionen alle Probleme lösen lassen. Militärische Sicherheit ist immer nur notwendige, nie aber hinreichende **Bedingung für Frieden und Entwicklung**, für Wohlstand und Demokratie. Deswegen plädiere ich dafür, dass Deutschland die Bundeswehr grundsätzlich für Auslandseinsätze im Rahmen von UN-Mandaten zur Verfügung stellt. Natürlich ist **Prävention** wichtiger als das Einschreiten im Katastrophenfall. Ja, wir brauchen eine langfristige friedliche Entwicklung und einen strukturellen Fortschritt, der Gesellschaften wohlhabender und stabiler macht. Aber es gibt auch eine Verantwortung der Weltgemeinschaft, in Not geratene, von der eigenen Regierung bedrängte oder im Stich gelassene Menschen zu beschützen. Ja, es gibt eine **Schutzverantwortung**. Insbesondere ein Land wie Deutschland, das Demokratie und Wohlstand letztlich einer gewaltigen militärischen Intervention zu verdanken hat, sollte sich meiner Auffassung nach dieser Verantwortung stellen und sich an internationalen Militärinterventionen beteiligen. Action

Checkliste

Aspekt	Ja	Teil-weise	Nein	Weiß nicht
TEILAUFGABE 1				
Habe ich die wesentlichen Informationen zum Text zusammengefasst? (Erscheinungsdatum, Autor etc.)	☐	☐	☐	☐
Habe ich den Standpunkt des Verfassers erkannt?	☐	☐	☐	☐
Konnte ich die Hauptaussagen mit eigenen Worten wiedergeben?	☐	☐	☐	☐
Habe ich die Textnachweise der genannten inhaltlichen Aspekte erbracht und – sofern verwendet – Zitate nachgewiesen?	☐	☐	☐	☐
Folgt meine Darstellung einem nachvollziehbaren Aufbau?	☐	☐	☐	☐
TEILAUFGABE 2				
Habe ich die Aussagen des Verfassers auf die Situation der Bundeswehr übertragen?	☐	☐	☐	☐
Konnte ich mein gelerntes Wissen durch sinnvolle Verknüpfung mit den Aussagen des Quellentextes zur Geltung bringen?	☐	☐	☐	☐
Folgt meine Erläuterung dem Aufbau „Einleitung – Argumentation – Fazit"?	☐	☐	☐	☐
Habe ich relevante Fachbegriffe richtig verwendet?	☐	☐	☐	☐
Habe ich sachlich formuliert und nicht persönlich Position bezogen?	☐	☐	☐	☐
TEILAUFGABE 3				
Habe ich auf die aktuelle Situation Bezug genommen?	☐	☐	☐	☐
Habe ich konkrete Beispiele bzw. Themen angeführt?	☐	☐	☐	☐
Habe ich Pro- und Kontra-Argumente gegenübergestellt?	☐	☐	☐	☐
Habe ich das Ergebnis meiner Argumentation knapp zusammengefasst?	☐	☐	☐	☐
Ist meine Rede zielgruppenorientiert aufgebaut und formuliert?	☐	☐	☐	☐
Ist die Struktur meines Textes durch sprachliche Elemente für den Leser verständlich geworden? (z. B. Verwendung des Konjunktivs, strukturierende Begriffe wie „aber", „daher" …)	☐	☐	☐	☐

Thema: *Weltordnungsmodelle, Verfassung und Frieden*
Dauer: *120 Minuten*

Aufgabenstellung

1. Geben Sie wieder, worin nach Auffassung von Immanuel Kant die Voraussetzungen für Frieden liegen (M 1).

2. Analysieren Sie vor dem Hintergrund der Aussagen Kants, welche Folgen eines zunehmenden Einsatzes von Drohnen (M 2) in internationalen Konflikten durch demokratische Staaten zu erwarten sind.

3. Überprüfen Sie, welche Bedeutung die Überlegungen Kants für die Außenpolitik der Bundesrepublik Deutschland heute haben. Bewerten Sie vor dem Hintergrund der gegenwärtigen internationalen Beziehungen den Ansatz Kants.

M 1: Zum ewigen Frieden

Zweiter Abschnitt, welcher die Definitivartikel zum ewigen Frieden unter Staaten enthält

Der Friedenszustand unter Menschen, die neben einander leben, ist kein Naturstand (status naturalis) der vielmehr ein Zustand des Krieges ist, d. i. wenn gleich nicht immer ein Ausbruch der Feindseligkeiten, doch immerwährende Bedrohung mit denselben. Er muß also gestiftet werden; denn die Unterlassung der letzteren ist noch nicht Sicherheit dafür, und, ohne daß sie einem Nachbar von dem andern geleistet wird (welches aber nur in einem gesetzlichen Zustande geschehen kann), kann jener diesen, welchen er dazu aufgefordert hat, als einen Feind behandeln.[1]

10 Erster Definitivartikel zum ewigen Frieden.
Die bürgerliche Verfassung in jedem Staate soll republikanisch sein.
Die erstlich nach Prinzipien der Freiheit der Glieder einer Gesellschaft (als Menschen); zweitens nach Grundsätzen der Abhängigkeit aller von einer einzigen gemeinsamen Gesetzgebung (als Untertanen); und drittens, die nach dem Gesetz der
15 Gleichheit derselben (als Staatsbürger) gestiftete Verfassung [...] ist die republikanische [...]. Diese ist also, was das Recht betrifft, an sich selbst diejenige, welche allen Arten der bürgerlichen Konstitution ursprünglich zum Grunde liegt; und nun ist nur die Frage: ob sie auch die einzige ist, die zum ewigen Frieden hinführen kann?
      Nun hat aber die republikanische Verfassung, außer der Lauterkeit ihres Ur-
20 sprungs, aus dem reinen Quell des Rechtsbegriffs entsprungen zu sein, noch die Aussicht in die gewünschte Folge, nämlich den ewigen Frieden; wovon der Grund dieser ist. – Wenn (wie es in dieser Verfassung nicht anders sein kann) die Beistimmung der Staatsbürger dazu erfordert wird, um zu beschließen, „ob Krieg sein solle, oder nicht",

so ist nichts natürlicher, als daß, da sie alle Drangsale des Krieges über sich selbst
25 beschließen müßten (als da sind: selbst zu fechten; die Kosten des Krieges aus ihrer
eigenen Habe herzugeben; die Verwüstung, die er hinter sich läßt, kümmerlich zu
verbessern; zum Übermaße des Übels endlich noch eine, den Frieden selbst verbit-
ternde, nie (wegen naher immer neuer Kriege) zu tilgende Schuldenlast selbst zu
übernehmen), sie sich sehr bedenken werden, ein so schlimmes Spiel anzufangen: Da
30 hingegen in einer Verfassung, wo der Untertan nicht Staatsbürger, die also nicht republikanisch ist, es die unbedenklichste Sache von der Welt ist, weil das Oberhaupt
nicht Staatsgenosse, sondern Staatseigentümer ist, an seinen Tafeln, Jagden, Lust-
schlössern, Hoffesten u. d. gl. durch den Krieg nicht das mindeste einbüßt, diesen
also wie eine Art von Lustpartie aus unbedeutenden Ursachen beschließen, und der
35 Anständigkeit wegen dem dazu allezeit fertigen diplomatischen Korps die Rechtfertigung desselben gleichgültig überlassen kann.

Zweiter Definitivartikel zum ewigen Frieden.
Das Völkerrecht soll auf einen Föderalism freier Staaten gegründet sein.
Völker, als Staaten, können wie einzelne Menschen beurteilt werden, die sich in
40 ihrem Naturzustande (d. i. in der Unabhängigkeit von äußern Gesetzen) schon durch
ihr Nebeneinandersein lädieren, und deren jeder, um seiner Sicherheit willen, von
dem andern fordern kann und soll, mit ihm in eine, der bürgerlichen ähnliche, Verfassung zu treten, wo jedem sein Recht gesichert werden kann. Dies wäre ein *Völkerbund* [...].

Anmerkung
1 Gemeiniglich nimmt man an, daß man gegen niemand feindlich verfahren dürfe, als nur, wenn er
mich schon tätig lädiert hat, und das ist auch ganz richtig, wenn beide im bürgerlich-gesetzlichen
Zustande sind. Denn dadurch, daß dieser in denselben getreten ist, leistet er jenem (vermittelst der
Obrigkeit, welche über beide Gewalt hat) die erforderliche Sicherheit. – Der Mensch aber (oder
das Volk) im bloßen Naturstande benimmt mir diese Sicherheit, und lädiert mich schon durch eben
diesen Zustand, indem er neben mir ist, obgleich nicht tätig [...], doch durch die Gesetzlosigkeit
seines Zustandes [...], wodurch ich beständig von ihm bedroht werde, und ich kann ihn nötigen,
entweder mit mir in einen gemeinschaftlich-gesetzlichen Zustand zu treten, oder aus meiner Nach-
barschaft zu weichen [...].

Immanuel Kant, Zum ewigen Frieden. Ein philosophischer Entwurf, Frankfurt und Leipzig, 1796.

M 2: Die amerikanische Drohne[1] „Reaper"[2]

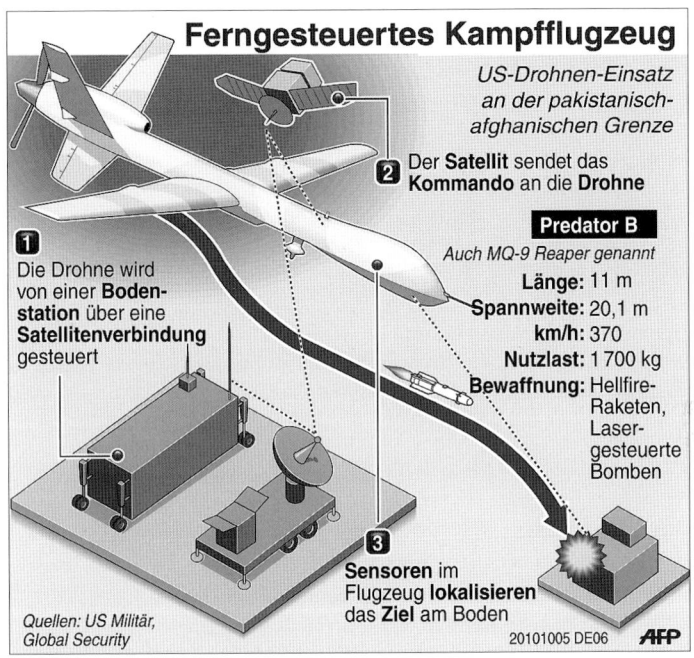

Ferngesteuertes Kampfflugzeug

US-Drohnen-Einsatz
an der pakistanisch-
afghanischen Grenze

2 Der **Satellit** sendet das
Kommando an die **Drohne**

Predator B

Auch MQ-9 Reaper genannt

Länge: 11 m
Spannweite: 20,1 m
km/h: 370
Nutzlast: 1 700 kg
Bewaffnung: Hellfire-
Raketen,
Laser-
gesteuerte
Bomben

1 Die Drohne wird
von einer **Boden-
station** über eine
Satellitenverbindung
gesteuert

3 **Sensoren** im
Flugzeug **lokalisieren**
das **Ziel** am Boden

*Quellen: US Militär,
Global Security*

20101005 DE06 **AFP**

AFP. Quellen: US Militär, Global Security

Anmerkungen
1 Drohne: unbemanntes Luftfahrzeug
2 Reaper: „Sensenmann"

Gewichtung der Teilaufgaben: 30 % : 30 % : 40 %

Lösungsvorschläge

1. *Nicht immer geht es im Fach Politik um aktuelle Texte. Diese Klausur basiert auf
    einem Klassiker in der Theorie der internationalen Politik: Immanuel Kants Text
    „Zum ewigen Frieden" macht es heutigen Lesern nicht gerade leicht; es ist nor-
    mal, wenn Sie einen Satz mehrmals lesen müssen, um den Text zu verstehen.
    „Wiedergeben" bedeutet hier also auch, den Text in eine heute angemessene
    Sprache zu „übersetzen".*

In dem vorliegenden Textauszug aus „Zum ewigen Frieden. Ein
philosophischer Entwurf" legt Immanuel Kant 1796 dar, welcher Voraussetzungen seiner Ansicht nach der ewige Weltfrie-
den bedarf.

Quellenangabe,
Kurzzusammen-
fassung

95

Ausgangspunkt der Überlegungen Kants im vorliegenden Text ist, dass der **Naturzustand** ein **Zustand des Krieges** ist, und zwar unabhängig davon, ob momentan tatsächlich Feindseligkeiten stattfinden. Allein die Bedrohung mit Feindseligkeiten reiche aus, um von einem Kriegszustand zu sprechen (vgl. Z. 3 ff.).

Kants Prämisse

Dementsprechend geht Kant von einem **positiven Friedensbegriff** aus: Erst wenn ein Mensch mit einem anderen Menschen in einem bürgerlich-gesetzlichen Zustand lebe, könne zwischen ihnen Frieden herrschen. Durch das Eintreten in einen **rechtsstaatlichen Zustand** entstehe Sicherheit zwischen den Menschen, und zwar mittels der staatlichen Autorität, die das Gewaltmonopol innehabe (vgl. Anmerkung zu M 1).

erste Voraussetzung für Frieden

Die bürgerliche Verfassung in jedem Staat soll nach Auffassung Kants republikanisch sein. Die **republikanische Verfassung** zeichne sich dadurch aus, dass alle Menschen als „Glieder einer Gesellschaft" (Z. 12) frei sind, dass alle Bürger einer gemeinsamen Gesetzgebung unterstehen (vgl. Z. 13 f.) und dass die Verfassung auf der Gleichheit aller Staatsbürger basiere (vgl. Z. 14 f.).

zweite Voraussetzung

Im gegebenen Zusammenhang – der Erreichung des **ewigen Friedens** – hat die republikanische Verfassung eine besondere Bedeutung, da sie diesen befördere (vgl. Z. 19 ff.). Kant ist nämlich der Auffassung, dass unter einer republikanischen Verfassung die **Zustimmung der Staatsbürger zu einem Krieg** erforderlich sei (vgl. Z. 22 f.). Diese würden aber, angesichts der Folgen eines Krieges für sie selbst, eher zögern, wenn es darum gehe, einen Krieg zu beginnen (vgl. Z. 24 ff.). In einer Monarchie oder in einer Diktatur dagegen würde allein der Herrscher entscheiden, der aber unter den Folgen des Krieges gar nicht direkt leiden würde (vgl. Z. 29 ff.). Daher ist für Kant die Republik die Staatsform, die zum ewigen Frieden führt.

Am Ende erwähnt er seine Idee eines „Föderalism freier Staaten" (Z. 38). Wie sich die Bürger einer Republik auf einen rechtsstaatlichen Rahmen einigen, um den Frieden zwischen sich zu sichern, so könnten auch Staaten untereinander eine „der bürgerlichen ähnliche" (Z. 42) Verfassung beschließen, die jedem Staat bestimmte Rechte zusichern könne. Dieses Modell bezeichnet Kant als Völkerbund (vgl. Z. 43 f.).

dritte Voraussetzung

2. In dieser Teilaufgabe sollen Sie deutlich machen, dass Sie in der Lage sind, die theoretischen Ausführungen Kants auf die aktuelle Entwicklung in der Militärtechnik zu beziehen. Das Schaubild M 2 dient dabei Ihrer Hintergrundinformation; eine Beschreibung sollte nur erfolgen, soweit notwendig.

Drohnen sind unbemannte Luftfahrzeuge, die ferngesteuert werden können. Militärisch werden sie sowohl zur Aufklärung als auch zur Vernichtung feindlicher Ziele genutzt. US-amerikanische Drohnen werden z. B. in Afghanistan und Pakistan eingesetzt.

Begriffsklärung

Die Hauptvorteile von Drohnen liegen darin, dass sie **unbemannt** und **mehrfach verwendbar** sind. Durch einen mehrfachen Einsatz sinken die Kosten und werden die Drohnen gegebenenfalls sogar günstiger als alternative Rüstungsgüter. Dadurch, dass sie unbemannt und **ferngesteuert** sind, verringern Drohnen das Risiko für das Leben der eigenen Soldaten. Außerdem verheißen sie, durch ihre mögliche **Nähe zum Ziel**, exakte Angriffe ohne oder mit relativ wenigen zivilen Opfern als „Kollateralschäden", wie sie z. B. bei Flächenbombardements nahezu unvermeidlich sind. Diese Faktoren machen Drohnen besonders für Demokratien attraktiv, die auf die **Zustimmung der Öffentlichkeit** und der Wähler angewiesen sind, um militärische Operationen durchführen zu können.

Vorteile eines Einsatzes von Drohnen

Bedenklich wird der Einsatz von Drohnen, wenn man sich in Erinnerung ruft, warum demokratische Staaten laut Kant friedfertiger sind als Diktaturen: In einer Republik hätten diejenigen über Kriegseinsätze zu entscheiden, die unter den Folgen eines Krieges am meisten zu leiden hätten – das Volk. Was geschieht nun aber, wenn das Volk des intervenierenden Staates dank der Drohnen so gut wie gar nicht mehr unter den Folgen des Krieges zu leiden hat? Zu befürchten ist, dass die **Hemmschwelle für Kriegseinsätze sinkt** und damit die Friedfertigkeit von demokratischen Staaten abnimmt.

Bedenken gegen den Einsatz von Drohnen

3. Die Anforderungen der beiden Operatoren in dieser Teilaufgabe müssen Sie miteinander verknüpfen. Im ersten Teil der Aufgabe bietet es sich an, zunächst Leitlinien deutscher Außenpolitik darzulegen und anschließend zu untersuchen, inwieweit diese den Überlegungen Kants entsprechen.

Vor einer Bewertung des Ansatzes Kants sollten Sie erst einmal deutlich machen, wie sich für Sie die derzeitigen internationalen Beziehungen darstellen. Hier kann es nämlich verschiedene Sichtweisen geben: etwa, dass diese von einer zunehmenden Verrechtlichung und von Multilateralismus gekennzeichnet sind, aber auch unilaterale Vorgehensweisen zu erkennen sind. Eine konträre Sichtweise wäre, dass die internationalen Beziehungen sich immer weniger institutionalisie-

ren lassen, u. a. da nichtstaatliche Akteure an Bedeutung gewinnen und diese zunehmend ihren Willen mit Gewalt durchsetzen.

Jemand, der eher die erste Sichtweise vertritt, wird wahrscheinlich zu dem Schluss kommen, dass sich die Überlegungen Kants auf internationaler Ebene zunehmend durchsetzen; jemand, der der zweiten Sicht zuneigt, könnte argumentieren, dass sich die internationalen Beziehungen in Richtung eines Naturzustands in Kants Sinne bewegen.

Bei der Bewertung von Kants Ansatz sollten Sie auch die Frage untersuchen, ob „republikanische" Staaten tatsächlich weniger Kriege beginnen, und zwar aus den von Kant aufgeführten Gründen. Als Beispiel für „Völkerbünde" könnten Sie die EU oder die UNO aufgreifen, allerdings sollten Sie hier Doppelungen mit dem ersten Teil der Aufgabenstellung vermeiden.

Wesentliche **Leitlinien deutscher Außenpolitik** sind:

deutsche
Außenpolitik

- die Bindung der Außenpolitik an das Völkerrecht,
- das Verbot eines Angriffskriegs im Grundgesetz (Art. 26),
- die Notwendigkeit von Bundestagsbeschlüssen vor Auslandseinsätzen der Bundeswehr,
- Multilateralismus, d. h. die Einbindung des außenpolitischen Handelns in internationale Übereinkommen und gemeinsame Organisationen,
- besonders die Einbindung in EU und UNO als „Völkerbünde" im Sinne Kants. In beiden Fällen treten die Völker als Staaten in „eine, der bürgerlichen ähnliche, Verfassung" (Z. 42 f.): im ersten Fall die Verträge, die das Funktionieren der EU regeln, im zweiten Fall v. a. die UN-Charta.

In der Summe legen diese Merkmale nahe, dass die **Außenpolitik** der Bundesrepublik Deutschland **„kantianisch" ausgerichtet** ist.

Fazit: Bedeutung
Kants

Die momentanen internationalen Beziehungen sind tendenziell von zunehmender **Verrechtlichung** und von **Multilateralismus** gekennzeichnet. Trotz gelegentlicher unilateraler Alleingänge von Staaten wie den USA und der nicht zu vernachlässigenden Bedeutung **nichtstaatlicher Akteure** wie NROs (Nichtregierungsorganisationen), Terrorgruppen oder regionalen Warlords scheint bei der Mehrzahl der staatlichen Akteure die Einsicht gereift zu sein, dass die gegenwärtigen und künftigen Probleme in der Welt nur multilateral gelöst werden können.

Merkmale der
internationalen
Beziehungen

Eine Stärkung des internationalen Rechts könnte sich v. a. aus der Funktion des **Internationalen Strafgerichtshofs** ergeben, der strafrechtliche Konsequenzen auch denjenigen androht, die sich ansonsten kraft ihres Staatsamtes oder durch staatliche Deckung vor juristischer Verfolgung sicher fühlen. Insbesondere bei einer weiteren **Stärkung der UNO** kann man davon sprechen, dass sich die Überlegungen Kants auf internationaler

Beispiele für
Beziehungen
im Sinne Kants:
„Völkerbünde"

Ebene durchsetzen. Auch Modelle **regionaler Integration** machen auf allen Kontinenten Schule: Trotz der gegenwärtigen Probleme der EU gibt es in Nord- und Südamerika, Afrika und Asien Ansätze nach dem Vorbild der EU. So entwickelt sich etwa die nordamerikanische NAFTA von einer Freihandelszone zu einem Binnenmarkt.

2012 hat die EU den **Friedensnobelpreis** bekommen, weil sie durch die enge Kooperation ihrer Mitgliedstaaten maßgeblich dazu beigetragen hat, dass es zwischen diesen seit ihrem Bestehen keine Kriege mehr gegeben hat. Da nur **demokratische Staaten** Mitglied der EU werden können, belegt dies die Annahmen Kants, dass demokratische Staaten keine Kriege gegeneinander führen und dass Völkerbünde durch ihre friedlichen Konfliktaustragungs- bzw. Konfliktlösungsmechanismen zur Friedenssicherung beitragen.

Frieden v. a. unter demokratischen Staaten

Bezogen auf die Geschichte des 20. Jahrhunderts kann man also in der Tat formulieren, dass „republikanische" Staaten **eher keine Kriege** anfangen, wobei offen bleibt, ob dies mit der Regierungsart oder mit dem oft „postheroischen Charakter" der entsprechenden Gesellschaften verbunden ist. Allerdings ist festzustellen, dass auch die EU-Staaten mitunter nicht sehr friedlich waren, wenn man sich ihr Verhalten etwa in den ehemaligen Kolonien in Afrika oder Indochina anschaut.

Zwischenfazit: „republikanische" Staaten i. Allg.

Wie defensiv „republikanische" Staaten im beginnenden 21. Jahrhundert bislang gewesen sind, ist durchaus umstritten. Jedenfalls haben fast alle demokratischen Staaten Soldaten im **Einsatz in Krisenregionen**. Während manche der „Staatsbürger" jegliche Kriegseinsätze, und sei es zur Intervention in einem Krisenherd, ablehnen, befürworten andere solche Interventionen ausdrücklich und legitimieren sie mit einer Schutzverantwortung („**responsibility to protect**") der Demokratien gegenüber der Bevölkerung in diktatorischen Ländern (z. B. Eingreifen der USA und Frankreichs in Libyen aufseiten der Opposition gegen den Diktator Gaddafi).

„republikanische" Staaten heute

Festzuhalten ist angesichts der gegenwärtigen internationalen Beziehungen, dass die Sicherheit zwischen den Staaten höher ist, wenn diese eine „der bürgerlichen ähnliche" Verfassung haben. Insofern darf man den **Optimismus** Kants auf einen „ewigen Frieden" in der Welt teilen.

Fazit

Checkliste

Aspekt	Ja	Teil-weise	Nein	Weiß nicht
TEILAUFGABE 1				
Habe ich die wesentlichen Informationen zum Text zusammengefasst? (Erscheinungsdatum, Autor etc.)	☐	☐	☐	☐
Habe ich insbesondere die Voraussetzungen für Frieden aus dem Text herausgearbeitet?	☐	☐	☐	☐
Ist es mir gelungen, Kants Aussagen in heutiger Sprache wiederzugeben?	☐	☐	☐	☐
Habe ich die Textnachweise der genannten inhaltlichen Aspekte erbracht und – sofern verwendet – Zitate nachgewiesen?	☐	☐	☐	☐
Ist meine Darstellung für eine Person nachvollziehbar, die Kants Text nicht kennt?	☐	☐	☐	☐
TEILAUFGABE 2				
Habe ich relevante Begriffe definiert und dabei auf M 2 Bezug genommen?	☐	☐	☐	☐
Habe ich auf die Aussagen Kants Bezug genommen?	☐	☐	☐	☐
Habe ich die Folgen eines Drohneneinsatzes aus verschiedenen Blickwinkeln kontrovers beleuchtet?	☐	☐	☐	☐
Habe ich mich sachlich ausgedrückt und relevante Fachbegriffe richtig eingesetzt?	☐	☐	☐	☐
Folgt meine Analyse einem nachvollziehbaren Aufbau?	☐	☐	☐	☐
TEILAUFGABE 3				
Habe ich auf Aspekte aus M 1 Bezug genommen?	☐	☐	☐	☐
Bin ich in meiner Lösung auf beide Teile der Aufgaben-stellung eingegangen?	☐	☐	☐	☐
Habe ich Pro- und Kontra-Argumente gegenübergestellt und kriterienorientiert gegeneinander abgewogen?	☐	☐	☐	☐
Konnte ich mein gelerntes Wissen durch sinnvolle Verknüpfung mit den Aussagen Kants zur Geltung bringen?	☐	☐	☐	☐
Wird mein Werturteil durch eine ausreichende Erörterung meiner Argumente gestützt?	☐	☐	☐	☐
Ist die Struktur meines Textes durch sprachliche Elemente für den Leser verständlich geworden? (z. B. Verwendung des Konjunktivs, strukturierende Begriffe wie „aber", „daher" ...)	☐	☐	☐	☐

Thema: *Wirtschaftspolitische Zielsetzungen*
Dauer: *45 Minuten*

Aufgabenstellung

1. Beschreiben und analysieren Sie die Karikatur.

2. Erläutern Sie die wirtschaftspolitischen Zielsetzungen der Bundesrepublik Deutschland unter Benennung der jeweils zentralen Indikatoren.

3. Im Jahr 1972 formulierte der damalige Bundeskanzler Helmut Schmidt: „Lieber fünf Prozent Inflation als fünf Prozent Arbeitslosigkeit!"
   Beurteilen Sie diese Aussage.

M: „Umweltzerstörung! – Wirtschaftswachstum!"

Gerhard Mester

Gewichtung der Teilaufgaben: 30 % : 40 % : 30 %

Lösungsvorschläge

1. *Bei Ihrer Karikaturanalyse sollten Sie sich an die im Unterricht gelernte Methode zur Quellenanalyse halten. Da in dieser Aufgabenstellung die Beschreibung der Karikatur, also der erste Schritt einer Karikaturanalyse, explizit von Ihnen verlangt wird, sollten Sie in jedem Fall zu Beginn eine detaillierte Beschreibung anfertigen. Diese muss dazu geeignet sein, einem Leser, dem die Karikatur nicht vorliegt, Ihre Ausführungen nachvollziehbar zu machen. Wichtig ist zudem, dass Sie hierbei keinerlei Deutung der Bildelemente geben. Das ist erst Teil des zweiten Analyseschritts, bei dem Sie begründet die Aussageabsicht des Karikaturisten herausarbeiten.*

Bei dem vorliegenden Material handelt es sich um eine Karikatur von Gerhard Mester mit dem Titel „Umweltzerstörung! – Wirtschaftswachstum!". Quellenangabe

Im Hintergrund sieht man vor einer Rückwand mit Gitternetzlinien einen mit einigen Einschnitten von links nach rechts ansteigenden Graphen, der zwei im Vordergrund dargestellte Männer deutlich überragt. **Der linke Mann** wendet sich von dem Graphen ab, wobei der Betrachter ihn zu zwei Dritteln im Profil sieht. Er trägt eine Brille und sein Blick wendet sich dem Boden links außerhalb des Bildausschnitts zu; er hat einen niedergeschlagenen Gesichtsausdruck. Mit seinem Daumen zeigt er über die linke Schulter auf den Graphen und sagt dabei: „UMWELT-ZERSTÖRUNG!". Dabei ist der Begriff „Umwelt" sehr klein und „Zerstörung" sehr groß geschrieben. Der Mann trägt ein offenes kariertes Hemd, ein T-Shirt sowie eine eher legere Hose. **Der rechte Mann** hingegen ist mit Anzug und Hemd bekleidet. Er ist in der Vorderansicht zu sehen und springt in die Luft, wobei er – auch durch seinen Gesichtsausdruck – einen sehr freudigen Eindruck macht. Dieser wird durch das Nach-oben-Strecken beider Arme unterstrichen. Die rechte Hand deutet mit einem Finger auf den letzten, höchsten Abschnitt des Graphen. Über dem Mann ist eine Sprechblase mit dem Ausspruch „WIRTSCHAFTS-WACHSTUM!!" zu erkennen, wobei wiederum der zweite Wortteil deutlich größer geschrieben ist als der erste. Karikaturbeschreibung

Der Karikaturist bezieht sich mit seiner Darstellung auf unterschiedliche **Deutungsmöglichkeiten** der Entwicklung des Bruttoinlandsprodukts (BIP), welche durch den Graphen angezeigt wird. Er kritisiert hierbei eine eindimensionale Deutung entweder als Vernichtung von Ressourcen oder als Steigerung der Wirtschaftsleistung, jeweils durch die Hervorhebung von „Zerstörung" bzw. „Wachstum". Diese Interpretationen weist er, angezeigt durch die beiden Personen, **unterschiedlichen gesell-** Karikaturaussage

schaftlichen Gruppen zu. So scheint die rechte Person eher in Wirtschaft oder Politik, die linke Person eher im ökologischen, eventuell alternativen Milieu zu verorten zu sein – symbolisiert durch die jeweilige Kleidung. Zwischen beiden Gruppen gibt es **keinerlei Kommunikation**, da die Personen weder verbal noch nonverbal interagieren. Die Vertreter beider Herangehensweisen bzw. beide Milieus scheinen sich nichts zu sagen zu haben. Was fehlt, ist eine Aushandlung der Deutungen.

2. *Der Operator „erläutern" fordert hier von Ihnen, die Ziele des Magischen Vierecks nachvollziehbar und unter Einbezug wesentlicher Zusammenhänge und Beispiele darzustellen. Dabei sollen Sie jeweils auch Indikatoren nennen. Beschränken Sie sich auf die „Zielsetzungen der Bundesrepublik Deutschland"; weitere mögliche wirtschaftspolitische Ziele (z. B. im Magischen Sechseck) werden in der Bewertung nicht berücksichtigt.*

In der Karikatur werden zwei wirtschaftspolitische Zielsetzungen angeführt, von denen eine den offiziellen Zielen der deutschen Wirtschaftspolitik zuzuordnen ist (Wirtschaftswachstum). [Bezugnahme auf die Karikatur]
Insgesamt werden im Gesetz zur Förderung der Stabilität und des Wachstums der Wirtschaft, kurz: **Stabilitätsgesetz** (StabG), [gesetzlicher Rahmen] vier Ziele genannt, die gemeinsam das im Grundgesetz verankerte Staatsziel des **gesamtwirtschaftlichen Gleichgewichts** garantieren sollen. Dabei handelt es sich um ein **stabiles Preisniveau**, einen **hohen Beschäftigungsstand**, ein **außenwirtschaftliches Gleichgewicht** sowie ein **stetiges und angemessenes Wirtschaftswachstum**. Diese Ziele sollen gleichzeitig erreicht werden. Daher werden sie grafisch üblicherweise als Viereck dargestellt, dessen Ecken alle miteinander verbunden sind. Aufgrund der Erfahrung, dass das Kriterium der Gleichzeitigkeit kaum erfüllbar ist, wird dieses Viereck auch **Magisches Viereck** genannt.
Preisniveaustabilität wird anhand der **Inflationsrate** gemessen. [Preisniveau] Diese wird anhand eines **Warenkorbs** ermittelt, der eine Auswahl der wichtigsten Waren und Dienstleistungen enthält. Gemessen wird die Veränderung der Preise dieses Warenkorbs. Wird er teurer, spricht man von Inflation, verbilligt er sich, von Deflation. In beiden Fällen ist die Preisniveaustabilität verfehlt. Als erreicht gilt sie bei einem Grenzwert, den die **Europäische Zentralbank** als unter, aber nahe 2 % festgelegt hat.
Ein hohes Maß an Beschäftigung wird durch die **Arbeitslosenquote** angezeigt. Bei deren Berechnung spielt etwa die Definition von registrierten Arbeitslosen (eigene Meldung, maximaler Umfang ausgeübter Tätigkeiten etc.) und von Erwerbstätigen [Beschäftigung]

eine Rolle. Die **Bundesagentur für Arbeit** spricht bei einer Arbeitslosenquote von unter 2 % von **Vollbeschäftigung**. Verzerrend wirkt bei dem Indikator z. B. die „stille Reserve": Millionen Menschen, die keine Arbeit haben, sich aber nicht arbeitslos melden, oder die etwa an Umschulungen teilnehmen und dadurch aus der Statistik fallen. Die tatsächliche Arbeitslosenquote ist damit sehr viel höher.

Ein stetiges und angemessenes Wirtschaftswachstum wird am **BIP** gemessen. Ein realer Anstieg des BIP von mindestens 2 % gilt als angemessen, da ein Wirtschaftswachstum zuvor noch keinen Beschäftigungszuwachs mit sich bringt. Das BIP gibt den Gesamtwert aller am Markt gehandelten Güter und Dienstleistungen für den Endverbrauch an, die innerhalb eines Jahres in einem Staatsgebiet hergestellt wurden. Daran wird etwa kritisiert, dass Hausfrauentätigkeiten nicht miteinbezogen werden, Unfallschadenbeseitigungen hingegen schon. Wirtschafts-
wachstum

Das außenwirtschaftliche Gleichgewicht wird durch die **Leistungsbilanz** angezeigt. Die Differenz zwischen Exporten und Importen ergibt dabei den **Außenbeitrag:** Deutschland hat einen großen Exportüberschuss, was sich auf der einen Seite positiv auf die deutschen Einkommen und die damit steigenden Konsummöglichkeiten auswirkt. Auf der anderen Seite besteht durch den gleichzeitigen Abfluss der Güter ins Ausland die Gefahr einer importierten Inflation mit allen zugehörigen Effekten. außenwirtschaft-
liches Gleich-
gewicht

 3. *„Beurteilen" erfordert ein begründetes Sachurteil – in diesem Fall über die Richtigkeit und Angemessenheit einer vorgegebenen Aussage. Dazu müssen Sie den Zusammenhang der beiden Indikatoren (Inflation, Arbeitslosigkeit) darlegen.*

Der damalige Bundeskanzler Schmidt formulierte mit der in der Aufgabenstellung wiedergegebenen Aussage die These, dass Arbeitslosigkeits- und Inflationsbekämpfung inkompatibel sind. Wie in Teilaufgabe 2 dargelegt, handelt es sich bei Arbeitslosigkeit und Inflation um Indikatoren für verschiedene Ziele des Magischen Vierecks. Dieses wird „magisch" genannt, da es quasi Magie wäre, wenn alle Ziele gleichzeitig erreicht würden. Der Grund dafür ist, dass es leicht zu **Zielkonflikten** kommen kann, wie sie auch in der Karikatur dargestellt werden. In dem Fall ist von **inkompatiblen**, d. h. sich gegenseitig ausschließenden Zielsetzungen die Rede. Des Weiteren können die Ziele **komplementär**, d. h. sich gegenseitig ergänzend, oder **neutral** zueinander sein, d. h. sich gegenseitig nicht beeinflussend. Bezug zur Auf-
gabenstellung

Bezug zum
Magischen
Viereck

Basis für Schmidts These ist die sogenannte **modifizierte Phillips-Kurve**. Hierbei ist auf der y-Achse die Inflationsrate, auf der x-Achse die Arbeitslosigkeit abgetragen. Es wird ein stabi- Argument für die
Aussage, Hinter-
grundtheorie ler Zusammenhang zwischen der Preisniveaustabilität und der Lohnentwicklung angenommen: Löhne steigen in Zeiten von Vollbeschäftigung stärker als bei hoher Arbeitslosigkeit, und mit ihnen auch die Preise. Somit führe ein höherer Beschäftigungsstand automatisch zu einer höheren Inflationsrate.

Es hat sich jedoch erwiesen, dass dieser Zusammenhang nur phasenweise gilt und es auch Zeiten hoher Inflationsraten bei gleichzeitig hoher Arbeitslosigkeit im Zusammenhang mit einer allgemeinen wirtschaftlichen Stagnation gibt. Dieser Zustand wird als **Stagflation** bezeichnet. Argument gegen die Hintergrund-theorie

Aus heutiger Perspektive kann somit festgehalten werden, dass die von Schmidt damals proklamierte Zielbeziehung so nicht zutreffend ist. Bestenfalls kurzfristig zeigt sich ein solcher Zusammenhang, der aber keineswegs stabil ist. Zwischenfazit

Schmidt spricht zudem von höheren Inflationsraten bis in den Bereich der **schweren Inflation** bei über 5 %. Hierbei ist sogar ein umgekehrter Zusammenhang, also ein (negativer) Einfluss der Inflationsrate auf den Beschäftigungsgrad recht wahrscheinlich. Da Kreditnehmer durch den Wertverlust des Geldes gegenüber Kreditgebern bessergestellt sind, steigen in der Folge die Zinsen für neue Kredite oder es werden gar keine Kredite gewährt. Für Unternehmen bedeutet das Schwierigkeiten bei der Finanzierung von Investitionen. Es kommt zu einer **Kapitalklemme** bzw. bei potenziellen Kreditgebern u. U. zu einer **Kapitalflucht**. Der daraus entstehende Wettbewerbsnachteil kann zu Entlassungen und damit zu einem Anstieg der Arbeitslosigkeit führen. Argument gegen die Aussage

Die Realität zeigt, dass auch im Bereich der **Deflation** Gefahren für den Arbeitsmarkt bestehen. Hier führen sinkende Preise zu einer Abnahme der Unternehmensgewinne. Bei gleichzeitig stabilen Kreditzinsen und Löhnen steigen die Kosten für Unternehmen und sinkt die Investitionsbereitschaft. Die Entlassung von Mitarbeitern kann eine Folge sein. ergänzendes Beispiel

Somit kann Schmidts Aussage zwar nicht zugestimmt werden, es kann ihr aber auch **keine Zielneutralität** zwischen Preisniveaustabilität und Beschäftigungsstand entgegengesetzt werden. Vielmehr ist ein **stabiles Preisniveau** etwa nach Definition der EZB notwendige Voraussetzung für eine **wirksame Arbeitsmarktpolitik** – ohne dass hier allerdings ein direkter und klarer Wirkungszusammenhang bestünde. abschließendes Urteil

Checkliste

Aspekt	Ja	Teil-weise	Nein	Weiß nicht
TEILAUFGABE 1				
Habe ich die wesentlichen Informationen zur Karikatur zusammengefasst? (Erscheinungsdatum, Zeichner etc.)	☐	☐	☐	☐
Bin ich auf alle Details im Bild eingegangen?	☐	☐	☐	☐
Ist meine Beschreibung für eine Person nachvollziehbar, die die Karikatur nicht kennt?	☐	☐	☐	☐
Folgt meine Beschreibung und Analyse einem nachvollziehbaren Aufbau?	☐	☐	☐	☐
Habe ich relevante Fachbegriffe richtig verwendet?	☐	☐	☐	☐
TEILAUFGABE 2				
Habe ich die wirtschaftspolitischen Zielsetzungen explizit genannt?	☐	☐	☐	☐
Habe ich in Bezug auf jede Zielsetzung auch Indikatoren aufgeführt?	☐	☐	☐	☐
Habe ich die wichtigsten Fakten zu wirtschaftspolitischen Zielsetzungen korrekt dargestellt?	☐	☐	☐	☐
Habe ich sachlich formuliert und nicht persönlich Position bezogen?	☐	☐	☐	☐
Folgt meine Erläuterung einem nachvollziehbaren Aufbau?	☐	☐	☐	☐
TEILAUFGABE 3				
Habe ich an die Aussage Schmidts angeknüpft?	☐	☐	☐	☐
Habe ich die Aussage aus verschiedenen Blickwinkeln kontrovers beleuchtet?	☐	☐	☐	☐
Konnte ich mein gelerntes Wissen durch sinnvolle Verknüpfung mit der Aussage Schmidts zur Geltung bringen?	☐	☐	☐	☐
Folgt meine Beurteilung dem Aufbau „Einleitung – Argumentation – Fazit"?	☐	☐	☐	☐
Ist die Struktur meines Textes durch sprachliche Elemente für den Leser verständlich geworden? (z. B. Verwendung des Konjunktivs, strukturierende Begriffe wie „aber", „daher" ...)	☐	☐	☐	☐

Thema: *Soziale Marktwirtschaft*
Dauer: *90 Minuten*

Aufgabenstellung

1. Geben Sie den Inhalt des Textes in eigenständiger Strukturierung wieder.

2. Erklären Sie das Konzept der freien Marktwirtschaft und setzen Sie dieses in Beziehung zum Konzept der sozialen Marktwirtschaft.

3. Setzen Sie sich mit den Forderungen Thielemanns begründet auseinander.

M: Ulrich Thielemann[1]: Begrenzen wir den Wettbewerb!

Der Markt trägt ein Freiheitsversprechen in sich. Es ist die Freiheit zum Kaufen und Verkaufen [...]. Mehr Markt heiße mehr Freiheit. Und staatliche Regulierung sei immer Zwang, [...] sobald der Staat mehr tut, als Eigentum zu schützen [...]. Dies ist die populistische Botschaft der Libertären[2] [...].

5 „Freiheit" ist ein normativer, ethischer Begriff: Sie soll herrschen. Doch ist [...] die Freiheit der „Täter" oder die der „Opfer" gemeint? [...] Unzweideutig herrscht im „freien" Markt die Freiheit der Täter, die Freiheit der Marktmächtigen [...] und Produktiven. Wer nicht in ausreichendem Maße zahlungskräftig ist, der kommt nicht in den Genuss der angebotenen Produkte, auch wenn sein Magen knurrt. Und wer

10 nicht ausreichend produktiv ist, wird entlassen.

Libertäre, die Freiheit bloß negativ [...] als Abwesenheit der physischen Einwirkung auf andere verstehen, sehen darin gar kein Problem. Niemand zwinge ja [...] den Anderen zum Kaufen oder Verkaufen. Wer seinen Job nicht mag, weil die 4,75 Euro Stundenlohn kaum zum Leben reichen, [...] der müsse die Stelle ja nicht

15 behalten, argumentieren sie. Niemand werde in einer „freien" Marktwirtschaft davon abgehalten, sich einen besseren Job zu suchen. Er müsse nur die sich bietenden Chancen ergreifen, sich weiterbilden, in sein „Humankapital" investieren und sich die gerade gefragten Fähigkeiten aneignen.

Moment: Man „muss" Chancen ergreifen? Gibt es da vielleicht doch einen

20 Zwang? Erstaunlicherweise reden ja gerade diejenigen, die den Markt als Inbegriff der Freiheit feiern, ständig vom Zwang und vom Müssen [...]. Die Rede von der „freien Marktwirtschaft" war offenbar ein grandioses Missverständnis. Das hängt systematisch damit zusammen, dass die Freiheit zum Kaufen und Verkaufen ohne Wettbewerb nicht zu haben ist. Die Ausübung der Marktfreiheit erhöht zugleich den

25 Wettbewerbsdruck. Wettbewerb ist [...] letztlich der Zwang, ein marktkonformes[3] Leben führen zu müssen. Er greift ins Allerpersönlichste ein: etwa in die Bildung, die ja angeblich immer wichtiger wird.

Wichtig wofür? Natürlich für die Wettbewerbsfähigkeit jedes Einzelnen im zum Standort degradierten Gemeinwesen[4] [...]. Schulen [...] werden so zu Arenen des
30 Wettbewerbskampfes und des vorauseilenden Marktgehorsams. Früh übt sich, was ein Lebensunternehmer werden will – und werden muss.

Dies führt nur darum nicht zum Widerstand derjenigen, die nicht ihr ganzes Leben auf Wettbewerbsfähigkeit ausrichten wollen, weil ihnen der Adressat abhanden kommt. Der Wettbewerb läuft eigenartig unpersönlich ab [...]. Diese „herrenlose
35 Sklaverei", wie Max Weber sie nannte, wird darum [...] nicht als ein Zwang wahrgenommen, sondern als das genaue Gegenteil: als „das einsichtige und einfache System der natürlichen Freiheit" (Adam Smith). Es ist eben ganz einfach einzusehen, dass man „Selbstmanagement" betreiben muss, um die eigene „Zukunftsfähigkeit" nicht zu verlieren [...].

40 Diese dümmliche Anpassung an die unstillbaren Renditewünsche des Kapitals muss ein Ende haben [...]. Nur [...] durch die Beschränkung der Freiheit der „Täter" – und das sind wir alle ein Stück weit selbst –, können wir unsere reale Freiheit zurückgewinnen: Die Freiheit, ein selbst bestimmtes Leben in Verantwortung zu führen, kein durch anonyme Wettbewerbskräfte ferngesteuertes Leben [...].

45 Eine „menschliche Marktwirtschaft", von der Angela Merkel mittlerweile spricht, ist ohne Wettbewerbsbegrenzung [...] nicht zu haben [...].

Nur so kann es gelingen, dass auch wieder andere Dinge im Leben – auch im Wirtschaftsleben – eine Rolle spielen als allein die Wettbewerbsfähigkeit, [was] auch die Chance gäbe, ein anderes Versprechen der Marktwirtschaft einzulösen: der faire
50 „Wohlstand für alle".

Ulrich Thielemann, in: Die Zeit, 26. 4. 2010. http://www.zeit.de/wirtschaft/2010-04/freiheit-markt-thielemann

Anmerkungen
1 Ulrich Thielemann ist ein österreichischer Ökonom.
2 libertär: neoliberal
3 marktkonform: an den Markt angepasst
4 degradiertes Gemeinwesen: herabgewürdigter Staat

Gewichtung der Teilaufgaben: 30 % : 40 % : 30 %

Lösungsvorschläge

1. *Der Operator „wiedergeben" verlangt von Ihnen, den Inhalt sprachlich distan-*
   ziert, d. h. unter Verwendung des Konjunktivs sowie der indirekten Rede, und
   strukturiert darzustellen. Beachten Sie zudem:
   - *Der Autor verwendet in einigen Passagen selbst den Konjunktiv.*
   - *Im Text werden sowohl normative als auch deskriptive Aussagen getroffen.*
   - *Bei Bezügen auf den Text müssen Sie Zeilenangaben verwenden.*

In seinem am 26. 4. 2010 in der Wochenzeitung „Die Zeit" er-
schienenen Artikel „Begrenzen wir den Wettbewerb!" setzt sich
der österreichische Wirtschaftswissenschaftler Ulrich Thielemann kritisch mit den Thesen marktradikaler liberaler Wirt-
schaftstheorien auseinander. Diesen setzt er die Forderung nach
einer fairen „menschliche[n] Marktwirtschaft" (Z. 45) entgegen.

Quellenangabe, Kurzzusammen-fassung

Zentral für den Ansatz liberaler Wirtschaftsvertreter sei das
durch den Markt zu verwirklichende **Freiheitsversprechen**
(vgl. Z. 1 f.). Wo der Staat sich nicht regulierend einsetze, müsse niemand etwas kaufen oder niedrig bezahlte Jobs ausführen,
sondern jeder könne und müsse durch bessere Bildung, d. h. Investitionen in sein „Humankapital", die sich bietenden Chancen
in einer „**freien**" **Marktwirtschaft** nutzen (vgl. Z. 12 ff.). Thielemann kritisiert, dass dabei Freiheit einzig „als Abwesenheit
der physischen Einwirkung auf andere" (Z. 11 f.) definiert
werde.

Darstellung der libertären Theorie durch den Autor; Indiz im Text: Verwendung des Konjunktivs

Er wirft diesem Ansatz vor, v. a. die **Freiheit der** „**Täter**" und
nicht die der „Opfer" im Blick zu haben (vgl. Z. 5 f.). So könne
derjenige ohne ausreichende finanzielle Mittel kaum seinen
Hunger stillen, derjenige mit geringer Produktivität verliere seinen Job oder erhalte einen für den Lebensunterhalt kaum aus-
reichenden Stundenlohn (vgl. Z. 8 ff.). Ursache für diesen Prozess sei v. a. der dem Markt zugrunde liegende **Wettbewerb**
(vgl. Z. 22 ff.). Durch diesen steige der Druck auf das Individuum, ein „marktkonformes Leben" (Z. 25 f.) zu führen, d. h. sich
diesen Anforderungen zu beugen. Damit greife dieses Prinzip
aber in sehr persönliche Lebensbereiche wie die individuelle
Bildung ein, bei der es in der Folge – genauso wie beim Staat
als solchem – nur noch auf wirtschaftliche **Verwertbarkeit** an-
komme (vgl. Z. 26 ff.). Dadurch obliege es jedem einzelnen
„Lebensunternehmer" (Z. 31), durch „Selbstmanagement"
(Z. 38) seine persönliche Wettbewerbsfähigkeit zu generieren.
Durch die Unterordnung des Einzelnen unter dieses Prinzip
gebe es keinen direkt verantwortlichen Akteur, gegen den sich
etwa ein eventueller Widerstand richten könnte (vgl. Z. 32 ff.).

Kritik des Autors

Thielemann wendet sich gegen diese „dümmliche Anpassung" (Z. 40) und fordert ein **Ende des Kapitalismus**, der einzig auf Renditebestrebungen angelegt sei. Das Ziel sei eine faire „**menschliche Marktwirtschaft**" (Z. 45), getragen durch „ein selbst bestimmtes Leben in Verantwortung" (Z. 43). Voraussetzung sei eine Wettbewerbsbeschränkung als Begrenzung der Freiheit. Diese träfe die „Täter", also die Gewinner, und damit jeden Einzelnen (vgl. Z. 41 ff.). Thielemanns Ziel ist die Einlösung des Versprechens „Wohlstand für alle" (Z. 50).

Forderungen des Autors

2. *Hier geht es um die Darlegung Ihrer Kenntnisse in Bezug auf ein vorgegebenes Thema. Dringend zu empfehlen ist dabei die Verwendung von relevanten Fachbegriffen. Zunächst sollen Sie die wesentlichen Merkmale des Systems der Marktwirtschaft strukturiert darstellen. Der Einbezug theoretischer Grundlagen und in Verbindung stehender Konzepte ist durchaus wünschenswert. Im zweiten Teil dieser Teilaufgabe wird von Ihnen verlangt, unter Verwendung von offenzulegenden Aspekten Zusammenhänge zwischen zwei Konzepten herzustellen und diese mit Beispielen zu erklären. Vermeiden Sie in jedem Fall eigene Wertungen oder Bewertungen der Textaussagen, wenn Sie sich auf das Material beziehen.*

Grundlage allen Wirtschaftens ist im Modell der freien Marktwirtschaft der Markt, auf dem sich individuelle **Nachfrage** und unternehmerisches **Angebot** treffen. Hier werden die Interessen der Produzenten und Konsumenten dezentral und effizient koordiniert, was zu einer bestmöglichen Nutzung der grundsätzlich knappen Ressourcen (**Allokationsfunktion**) führt. Finden Angebot und Nachfrage einen Ausgleich, wird damit ein **Marktpreis** festgelegt. Dieser Preis für ein bestimmtes Gut minimiert die nötigen Transaktionskosten, d. h. die Kosten, die für Informationsbeschaffung, Verhandlungen usw. anfallen. Für die Marktteilnehmer hat dieser Preis also eine **Informations- und Lenkungsfunktion**.

Modell der freien Marktwirtschaft: Marktprinzip

Ideengeschichtlich geht der Ansatz u. a. auf den auch von Thielemann zitierten **Adam Smith** zurück. Zentral ist bei diesem die Metapher der unsichtbaren Hand: Wenn jeder danach trachte, sein eigenes Wohlergehen bestmöglich zu sichern, werde damit auch das Wohlergehen aller maximiert. Es stehen also die Konkurrenz und damit der Wettbewerb **nutzenmaximierender Individuen** im Vordergrund.

ideengeschichtliche Grundlage

Smith geht demnach von einem eher negativ konnotierten, egoistischen Menschenbild aus. Er unterstellt dabei einen **rational handelnden** und (vollständig) **informierten Menschen**.

Menschenbild

Die Rolle des Staates ist bei Smith eng gefasst. Grundlage des Systems ist das frei verfügbare Privateigentum. Dies muss der

Rolle des Staates

Staat im Rahmen einer **Rechtsordnung** garantieren. Zudem muss er das Staatsgebiet sichern und grundsätzliche Unsicherheiten für seine Bürger beseitigen. Keinesfalls soll er sich in wirtschaftliche Transaktionen einmischen. Im Rahmen einer radikalen Zuspitzung des „Laissez-faire" wird hierbei auch vom **Nachtwächterstaat** gesprochen.

Modell der sozialen Marktwirtschaft: ideengeschichtliche Grundlage

Die soziale Marktwirtschaft ist eine Variation der Marktwirtschaft. Eingeführt wurde sie in der Bundesrepublik nach dem Zweiten Weltkrieg vom damaligen Bundeswirtschaftsminister **Ludwig Erhard** unter dem Slogan „Wohlstand für alle" (vgl. Z. 50). Das Modell basiert auf den Vorarbeiten von **Alfred Müller-Armack** und anderen, die ihre Ideen schon infolge der Weltwirtschaftskrise entwickelt hatten.

Prinzipien

Im Gegensatz zum klassischen Liberalismus ist der Anteil des Staates am Wirtschaftsgeschehen deutlicher ausgeprägt. Leitlinie für staatliche Eingriffe ist die Ausrichtung an den Prinzipien der **sozialen Gerechtigkeit** und der **sozialen Sicherheit**. Ziel ist also ein gewisser Ausgleich für die von Thielemann so bezeichneten „Opfer" des marktwirtschaftlichen Systems. Ethisch geht es folglich um die Verbindung von Freiheit und Gerechtigkeit.

soziale **Markt**wirtschaft

Grundlage bleibt der Markt mit dem Preisbildungsmechanismus und damit das Privateigentum. So bestehen **Konsum- und Produktionsfreiheit** sowie damit zusammenhängend auch die **Vertragsfreiheit**. Der Einzelne kann für sich ein Gewerbe wählen, entsprechend produzieren und Handel treiben. Die **Wettbewerbsfreiheit** bleibt also wesentlicher Bestandteil des Systems.

soziale Marktwirtschaft

In Art. 14 GG heißt es, „Eigentum verpflichtet" und soll „dem Wohle der Allgemeinheit dienen". Damit wird der Besitz mit dem Allgemeinwohl verbunden; wirtschaftliche Freiheit hat somit ihre Grenzen dort, wo Rechte Dritter berührt werden. Dazu dienen **Verbraucher- und Arbeitsschutzrechte**, eine gewisse soziale Absicherung im **Sozialversicherungssystem** und die Sicherung des Wettbewerbs, indem Monopole verhindert werden, die die Allgemeinheit z. B. durch überhöhte Preise schädigen. Mittel sind v. a. **Konjunktur- und Strukturpolitik**.

Menschenbild, Rolle des Staates

Dahinter steht weiterhin das Bild eines egoistischen Menschen, der versucht, seinen Vorteil zu maximieren; ergänzt wird dieses aber durch das der christlichen Sozialethik entlehnte Konzept der **Nächstenliebe**. Damit einher geht eine wesentlich aktivere Rolle des Staates als in der freien Marktwirtschaft, wobei die konkrete Ausgestaltung und der Umfang des staatlichen Einflusses Gegenstand politischer und ökonomischer Diskussionen sind, was auch mit der fehlenden Ausgestaltung des **Sozialstaatsprinzips im Grundgesetz** zusammenhängt.

3. Bei diesem Operator ist es sinnvoll, zuerst eine Skizze anzulegen, bevor Sie Ihre Lösung ausformulieren. Methodisch empfiehlt es sich hier etwa, zu den Ausführungen des Autors Pro- und Kontra-Argumente gegenüberstellend zu notieren. Im Fazit müssen Sie sich nicht für eine Seite entscheiden, sondern können ein reflektiertes, für den Leser nachvollziehbares Sach- und Werturteil formulieren. Als Basis hierfür bieten sich die zentralen Beurteilungskriterien Effizienz und Legitimität an, die Sie unbedingt offenlegen sollten.

Zentrale Forderung des Autors ist die **Beschränkung des Wettbewerbs** (vgl. Z. 6 f., Z. 46) mit dem Ziel einer „**menschliche[n] Marktwirtschaft**" (Z. 45). Diese Beschränkung soll v. a. auf der Ebene des wirtschaftlichen Handelns zum Tragen kommen (vgl. Z. 47 f.). [*Einstieg: Forderungen des Autors*]

Zunächst soll das Ziel des Autors näher untersucht werden. Thielemann führt nicht weiter aus, was er unter „menschlich" versteht. Allerdings können aus seiner Argumentation diesbezüglich Rückschlüsse gezogen werden. Wenn er die „Libertären" dafür kritisiert, dass sie das Wettbewerbsprinzip verabsolutieren und den Freiheitsbegriff trivialisieren, steht dahinter die Kritik an der Ausrichtung der Wirtschaft wie auch des Gemeinwesens an sich am **Wert der Leistungsgerechtigkeit.** Der Autor wendet sich vehement gegen die neoliberale Sicht auf Aspekte wie das Kriterium der wirtschaftlichen Verwertbarkeit, die Anpassung der Individuen, die Rolle der Bildung sowie die freie Wahl der beruflichen Betätigung und damit auch die individuelle Schuld im Falle eines Scheiterns. [*normative Grundlage des Autors: Kritik an den „Libertären"*]

Formulierungen wie „selbst bestimmtes Leben in Verantwortung" (Z. 43) sowie „der faire ‚Wohlstand für alle'" (Z. 49 f.) weisen auf eine andere Gerechtigkeitsvorstellung hin: Grundsätzlich geht es Thielemann um **Chancengerechtigkeit**, wenn er die Opferseite und die Fairness betont. Da zudem Freiheit und Selbstbestimmung von ihm miteinander verbunden werden, setzt er eine **Verteilungs- und Bedürfnisgerechtigkeit** voraus. Das Individuum muss seine Grundbedürfnisse gedeckt wissen. [*Gerechtigkeitsbegriff des Autors*]

Inwiefern ist die Beschränkung des Wettbewerbs geeignet, dieses Ziel zu erreichen? Wie in Teilaufgabe 2 dargestellt, ist das Wettbewerbsprinzip zentral für das Gelingen einer marktwirtschaftlichen Ordnung. Wenn Thielemann am **marktwirtschaftlichen Prinzip** festhalten will, und das legt der positive Verweis auf Erhard nahe, so kann es ihm nur um eine andere Ausrichtung des Konzepts gehen. [*eigene Abwägung: Ebene wirtschaftlichen Handelns*]

Im Text werden etwa die „unstillbaren Renditewünsche des Kapitals" (Z. 40) kritisiert. Aktuelles Beispiel dafür sind die Banken und ihre Rolle in der **Finanzkrise.** In der politischen Diskussion geht es seither um das Problem der Absicherung und [*Textbezug, aktuelles Beispiel*]

Begrenzung der Tätigkeiten von systemrelevanten Banken. Mittel dazu können z. B. **Steuern auf Finanztransaktionen** oder **höhere Eigenkapitalquoten** sein. Ziel ist es, das Risiko für die Allgemeinheit zu reduzieren, indem die Banken dazu gezwungen werden, weniger Risiko einzugehen – und damit allerdings auch, eine geringere Rendite zu erwirtschaften. Somit greift der Staat in die Marktprozesse ein.

Im Hinblick auf die Wirksamkeit derartiger Regulierungen sind v. a. gemeinsame Beschlüsse einer großen Staatengruppe positiv zu bewerten, welche die Banken dazu zwingen, sich an entsprechende Regelungen zu halten. So sollte etwa die EU in die Lage versetzt werden, die Umsetzung überprüfen und gegebenenfalls sanktionieren zu können. Fraglich ist allerdings, inwiefern sich eine **internationale Einigkeit** herstellen lässt. Somit sind Vermeidungsstrategien seitens der Banken denkbar. Kriterium Effizienz / Wirksamkeit

Es stellt sich außerdem die Frage, inwieweit solche Eingriffe legitim sind. In einem marktwirtschaftlichen System muss gewährleistet sein, dass die ökonomische Freiheit, die soziale Sicherheit und letztlich auch der allgemeine Wohlstand gefördert werden. Eine **systemrelevante Bank** mit einer Bilanzsumme von mehreren hundert Milliarden Euro und einer entsprechenden wirtschaftlichen Verflechtung bedroht im Falle einer Insolvenz die **gesamte Volkswirtschaft**. Eine Risikobeschränkung erscheint vor diesem Hintergrund zwar gerechtfertigt. Problematisch könnte aber sein, dass eine zu starke Regulierung die wirtschaftliche Freiheit der Banken zu stark einschränkt und sie daran hindert, für die Wohlstandssteigerung der Gesellschaft insgesamt notwendige Investitionen zu tätigen. Kriterium Legitimität

Zusammenfassend lässt sich feststellen, dass eine solche Einschränkung des Wettbewerbs einen **gesellschaftlichen Mehrwert** darstellen kann und damit grundsätzlich legitim ist, wobei es im Einzelfall auf die konkrete Umsetzung ankommt. Staatliche Regulierungen im Bankensektor können zu einer stärkeren **Gemeinwohlorientierung** der Geschäftspolitik von Banken führen. Es bedarf also sowohl eines Eingreifens der **Politik** als auch eines **gesellschaftlichen Konsenses** über Ziel und Ausstattung des Bankensektors zur demokratischen Legitimation des staatlichen Eingreifens. Letzterer dürfte allerdings schwierig zu erreichen sein. Fazit

Checkliste

Aspekt	Ja	Teil-weise	Nein	weiß nicht
TEILAUFGABE 1				
Habe ich die wesentlichen Informationen zum Text zusammengefasst? (Erscheinungsdatum, Autor etc.)	☐	☐	☐	☐
Habe ich den Standpunkt des Verfassers erkannt?	☐	☐	☐	☐
Habe ich die relevanten Aspekte aus dem Text herausgearbeitet?	☐	☐	☐	☐
Konnte ich die Aspekte mit eigenen Worten wiedergeben?	☐	☐	☐	☐
Habe ich die Strukturierung meiner Lösung deutlich gemacht?	☐	☐	☐	☐
TEILAUFGABE 2				
Habe ich die wichtigsten Merkmale des Konzepts der freien Marktwirtschaft treffend dargestellt?	☐	☐	☐	☐
Habe ich klar zwischen freier und sozialer Marktwirtschaft unterschieden?	☐	☐	☐	☐
Habe ich mich sachlich ausgedrückt und relevante Fachbegriffe richtig eingesetzt?	☐	☐	☐	☐
Folgt meine Lösung einem nachvollziehbaren Aufbau?	☐	☐	☐	☐
TEILAUFGABE 3				
Habe ich die Forderungen Thielemanns benannt und meine Lösung an diese angeknüpft?	☐	☐	☐	☐
Habe ich die Textnachweise der genannten inhaltlichen Aspekte erbracht und – sofern verwendet – Zitate nachgewiesen?	☐	☐	☐	☐
Habe ich die Forderungen Thielemanns aus verschiedenen Blickwinkeln kontrovers beleuchtet?	☐	☐	☐	☐
Konnte ich mein gelerntes Wissen durch sinnvolle Verknüpfung mit den Aussagen des Quellentextes zur Geltung bringen?	☐	☐	☐	☐
Habe ich das Ergebnis meiner Auseinandersetzung knapp zusammengefasst?	☐	☐	☐	☐
Folgt meine Lösung dem Aufbau „Einleitung – Argumentation – Fazit"?	☐	☐	☐	☐

Thema: *Nachfrage- und Angebotspolitik*
Dauer: *120 Minuten*

Aufgabenstellung

1. Fassen Sie die Aussagen zum Wirtschaftskonzept Friedmans zusammen (M 1).

2. Erklären Sie, was unter dem BIP zu verstehen ist, und erklären Sie einen weiteren Indikator aus M 2. Nennen Sie jeweils einen Kritikpunkt.

3. Vor allem in Krisenzeiten wird von einigen Ökonomen eine strikte Austeritätspolitik (Sparpolitik) befürwortet, andere dagegen sind sogar dazu bereit, im Zuge von deficit spending vermehrt Schulden zu machen. Gerade im Bezug auf Griechenland kochten dabei schon häufig die Gemüter hoch. „Nach Ansicht von Paul R. Gregory (amerikanischer Ökonom) ist Paul Krugmans Empfehlung (Kritiker der Austeritätspolitik), die Schuldenkrise durch deficit spending zu bekämpfen, genauso wenig sinnvoll, wie wenn ein Arzt einen drogenabhängigen Patienten mit drogeninduziertem Herzstillstand mit Heroin behandeln würde." *(https://de.wikipedia.org/wiki/Austerität)* Nehmen Sie unter Bezug auf M 2 zu dieser These Stellung.

M 1: Milton Friedman:„Die beste Sozialpolitik ist eine freie Marktwirtschaft." von Uwe Jean Heuser

[…] Dem kleinen, lebhaften Mann mit dem Tigerlächeln sah man seine 75 Jahre nicht an. Die Zuhörer […] hatte er längst in seinen Bann gezogen. „Mein Sohn hier ist noch jung, er will eine Staatsquote von Null. Ich bin nicht so radikal, zehn Prozent ist eine schöne, runde Zahl." Es war Milton Friedman, [einer der bekanntesten
5 Ökonomen der Welt]. [...] Die Leute verbindet ein Glaube: Der Staat ist schlecht, der Markt ist gut. Mit unermüdlicher Hingabe machen sie ihre Grundhaltung deutlich. Dass sich kaum ein westlicher Staat mit weniger als vierzig Prozent des Sozialprodukts zufriedengibt, kann ihre Energie nicht mindern.
    […] Schon in seinen ersten Jahren als Professor in Chicago begann Friedman
10 seinen Kreuzzug gegen die damals herrschende Lehre des britischen Ökonomen Keynes. Seine These: Wenn die Regierung die Konjunktur stärken will, soll sie nicht, wie Keynes gelehrt hatte, die Staatsausgaben erhöhen. Nur indem der Staat die Geldmenge ausweitet, kann er zum Wirtschaftswachstum beitragen. Falls die Politiker nämlich mehr ausgeben, müssen sie sich das Geld entweder von den Steuerzah
15 lern oder auf den Kapitalmärkten besorgen. Höhere Steuern machen den positiven Konjunktureffekt sofort zunichte; höhere Staatsschulden verdrängen private Kreditnehmer vom Kapitalmarkt und behindern so Investitionen. Weil sie mit Zins zurückzuzahlen sind, sind sie Friedman zufolge ohnedies nichts anderes als zukünftige

Steuern. Geldpolitik wirke dagegen eindeutig expansiv, wie Friedman meinte. Er
20 stellte fest, dass jedem Aufschwung in Amerika eine Ausweitung der Geldmenge
vorausgegangen war. Seine Erklärung: Monetär gesehen ist das Sozialprodukt nichts
anderes als die Geldmenge multipliziert mit der Umlaufgeschwindigkeit, der gedach-
ten Häufigkeit also, mit der die bestehende Geldmenge im Jahr verwendet wird. Und
nach Friedman bleibt die Umlaufgeschwindigkeit über die Zeit stabil, weil Haushalte
25 und Unternehmen ihr Verhalten nicht abrupt ändern. Bei stabiler Umlaufgeschwindigkeit jedoch muss eine Ausweitung der Geldmenge das in Geld ausgedrückte
Sozialprodukt erhöhen. Die sogenannten Monetaristen gehen damit grundsätzlich
von einem stabilen Marktsystem, das zur Vollbeschäftigung neigt, aus. Nicht die privaten Marktteilnehmer sorgen für Instabilität – sondern die Politiker. Deshalb dürfen
30 nach seiner Meinung weder Regierung noch Zentralbank überhaupt Konjunkturpolitik betreiben. Denn zum einen, ein Leitmotiv Friedmans, ist den Mächtigen nicht zu
trauen, weil sie wie alle Menschen vor allem ihre eigenen Interessen verfolgen. Zum
anderen, das theoretische Argument, fördert auch eine kräftig und überraschend aus-
geweitete Geldmenge die Konjunktur nur kurzfristig. Langfristig treibt sie lediglich
35 die Inflation in die Höhe; denn über kurz oder lang merken die Menschen, dass sich
durch das zusätzliche Geld an ihrem realen Wohlstand wenig geändert hat. Eine Mark
ist weniger wert geworden; mehr Geld zu haben bedeutet nicht, reicher zu sein. Deswegen fordern sie wieder höhere Löhne und Preise, der vermeintliche Konjunktur-
schub verpufft in der Geldentwertung.
40   Aber sind wir „langfristig nicht alle tot", wie Keynes sagte, und hat sich nicht
kurzfristig etwas verbessert? Nein, sagt Friedman, die Lage hat sich im Gegenteil
noch verschlechtert. Die Menschen durchschauen das Spiel, sodass sich beim nächs-
ten Mal nur mit einer noch stärkeren Geldmengenexpansion eine Wirkung erzielen
lasse – auf Kosten einer immer höheren Inflation. Deshalb gebe es nur eine vernünf-
45 tige Geldpolitik: die Geldmenge gleichmäßig wachsen lassen, sodass Unternehmen
und private Haushalte relativ sicher planen können und die Wirtschaft Raum zur Expansion hat. Die zentrale Rolle des Geldes bringt der neuen Denkrichtung aus Chicago 1968 den Namen Monetarismus ein. Bei aller ökonomischen Brillanz hat Friedman eine über die Wirtschaftstheorie weit hinausreichende Botschaft, eine Ideologie,
50 die später seine Popularität begründete. „Wäre die freie Marktwirtschaft nicht das
effizienteste System, ich wollte sie trotzdem – wegen der Werte, die sie repräsentiert:
Wahlfreiheit, Herausforderung, Risiko." Der Staat soll das Privateigentum definieren
und deregulierend wirken. Unternehmen sollen von Vorschriften entlastet werden,
proklamiert Friedman. Ansonsten soll der Staat sich heraushalten […]. Der Sozial-
55 staat sei ein teures Monster, das nur den Bürokraten, Politikern und kleinen Interessengruppen nütze, sozialer Wohnungsbau sei ebenso absurd wie eine staatliche
Altersversorgung oder die Festsetzung eines Mindestlohns. Mit Hilfe der reinen Lehre aus Chicago hat sich das Bild auch in den Wirtschaftswissenschaften gewandelt:
Stärker als früher betonen die Ökonomen heute die Verzerrungen, die staatliche Re-
60 gulierungen hervorrufen. Die Geldtheorie Friedmans zwingt auch Keynesianer zum
Weiterdenken, viele seiner Einsichten sind zum Allgemeingut geworden.

Uwe Jean Heuser: Milton Friedman: „Die beste Sozialpolitik ist eine freie Marktwirtschaft.", DIE
ZEIT Nr. 47, vom 18. November 1992, S. 18 f.

M 2: Ausgewählte Konjunkturdaten Griechenlands

	2012	2013	2014	2015	2016
BIP	− 6,1 %	− 6,0 %	0,8 %	− 1,1 %	− 1,5 %
Arbeitslosenquote	26,8 %	27,4 %	25,8 %	24,0 %	23,5 %
Inflationsrate	1,5 %	− 0,9 %	− 1,3 %	− 1,7 %	− 0,8 %
Staatsverschuldung (in Mrd. Euro)	Keine Ang.	320,51	319,73	311,67	314,85

Daten nach: Hellenic Statistical Authority; http://www.statistics.gr/en/home.

Gewichtung der Teilaufgaben: 35 % : 25 % : 40 %

Lösungsvorschläge

1. *Die Aufgabenstellung verlangt von Ihnen, Friedmans Wirtschaftskonzept prägnant und gerafft zusammenzufassen. Da es sich um einen journalistischen Text handelt, wird mit Ausschmückungen gearbeitet. Textverständnis zeigen Sie hier auch dadurch, dass Sie unwichtige Passagen weglassen. Um entsprechend die relevanten Passagen der Argumentation herauszustellen, ist es ratsam, den Text zuerst in einzelne Abschnitte zu gliedern und kurz zu paraphrasieren. Das ermöglicht Ihnen später eine Bündelung der Inhalte. Verwenden Sie den Konjunktiv I, indirekte Rede oder andere sprachliche Distanzierungen und fügen Sie Zeilenangaben ein.*

Im Mittelpunkt des Artikels von Uwe Jean Heuser steht der amerikanische Ökonom und Vertreter der Chicagoer Lehre Milton Friedman (vgl. Z. 4). Unter dem Motto Milton Friedmans: „Die beste Sozialpolitik ist eine **freie Marktwirtschaft**.", abgedruckt in der Wochenzeitung Die ZEIT Nr. 47, vom 18. November 1992, S. 18 f., wird unter anderem dessen **wirtschaftspolitisches Konzept** dargestellt. *[Allgemeine Informationen / Inhalt]*

Friedmans zentrale Idee sei, dass der **Staat** sich weitestgehend aus dem wirtschaftlichen Geschehen **heraushalten** und einzig für eine stabil wachsende **Geldmenge** sorgen soll (vgl. Z. 12 ff., 29 ff.). Er wende sich dabei explizit gegen den Ansatz Keynes, wonach der Staat in einer Krise die Staatsausgaben erhöhen solle (vgl. Z. 9 ff.). Nach Friedman resultiere aus einer solchen Vorgehensweise vor allem eine Verschärfung der Krise, da der Staat zur Finanzierung entweder die Steuern erhöhen müsse, was in jedem Fall **negative konjunkturelle Auswirkungen** habe, oder der Staat leihe sich das Geld auf den Kapitalmärkten, was allerdings private Kredit- und Investitionsnachfrage *[Grundlegende Idee / Kritik an Keynesianern]* verdränge und über höhere Zinsen für die Rückzahlungen ebenfalls zu einer Art Steuererhöhung führe (vgl. Z. 14 ff.). Friedman vertrete demgegenüber die These, dass einzig eine **Erhöhung der Geldmenge** zu einer **Ausdehnung der Konjunktur** führe (vgl. Z. 12 ff.). Das Sozialprodukt sei gleichbedeutend mit dem Produkt aus Geldmenge und Umlaufgeschwindigkeit. Letztere sei stabil, da die Wirtschaftssubjekte sich bei ihren Entscheidungen nicht schnell veränderten (vgl. Z. 21 ff.). Friedman gehe als Monetarist von einem stabilen Marktsystem aus, das zur Vollbeschäftigung neige (vgl. Z. 27 f.). Heuser spezifiziert die Einstellung Friedmans zur Geldmengenerhöhung, indem er dessen Meinung zu einer **expansiven Steigerung** darstellt. Diese führe **nur kurzfristig** zu einer konjunkturellen Belebung. Die Marktteilnehmer würden diese Erhöhungen immer schon antizipieren, sodass sie ihre Forderungen nach höheren Löhnen entsprechend anpassen. Langfristig erhöhe sich damit nur die Inflation und real gebe es letztlich keinerlei Verbesserung (vgl. Z. 34 ff.).

Daraus leite Friedman die Forderung ab, dass die **Zentralbank** die Geldmenge stabil wachsen lassen soll. Der Staat solle hier lediglich deregulierend wirken und die Unternehmen von Vorschriften entlasten (vgl. Z. 52 ff.), sich ansonsten aber aus der Wirtschaft heraushalten (Z. 54). Friedman spreche von einer **Staatsquote** von ungefähr 10 % (Z. 3 f.).

Über die ökonomische Bedeutung hinaus verbinde Friedman mit der freien Marktwirtschaft auch eine **moralische Ideologie** (vgl. Z. 48 f.). Zwar traue er den Politikern nicht, da diese immer eigene Interessen verfolgten (vgl. Z. 31 f.), aber Werte wie „Wahlfreiheit, Herausforderung, Risiko" (Z. 52) seien schützenswert. Einer **staatlichen Sozialpolitik** hingegen stehe er grundsätzlich **ablehnend** gegenüber. Diese befriedige Partialinteressen und nütze nur Politikern und Bürokraten (vgl. Z. 54 ff.). Heuser sieht den Einfluss Friedmans heute vor allem in der stärkeren Berücksichtigung der verzerrenden Wirkungen staatlicher Regulierungen, wobei viele Ansichten heute **Allgemeingut** geworden seien (vgl. Z. 59 ff.).

Monetaristischer Ansatz

Definition BIP

Ablehnung expansiver Geldpolitik

stabiles Wachstum der Geldmenge

Moralisch-politischer Hintergrund

Ablehnung von Sozialpolitik

2. *Der Operator „erklären" fordert von Ihnen eine knappe, strukturierte Darstellung der wesentlichen Aspekte, hier des Bruttoinlandsproduktes sowie eines weiteren Indikators der wirtschaftlichen Entwicklung aus der Tabelle M 2.*

Das **Bruttoinlandsprodukt** wird als zentraler Indikator für die wirtschaftliche Entwicklung einer Volkswirtschaft angeführt. Es misst den Wert aller **Güter- und Dienstleistungen abzüglich**

BIP

der Vorprodukte, die in einem Jahr in den Grenzen des Landes produziert wurden und zum Endverbrauch bestimmt waren. Es werden unterschiedliche Berechnungsweisen unterschieden: Zum Ersten die **Entstehungsrechnung**, bei der die Wirtschaftssektoren im Blickpunkt stehen, zum Zweiten die **Verwendungsrechnung** mit den Konsumausgaben der Haushalte und des Staates, den Investitionsausgaben der Unternehmen sowie dem Außenbeitrag und zum Dritten die **Verteilungsrechnung** als Summe aus den Löhnen und Gehältern, den Unternehmensgewinnen und den Vermögenserträgen.

Problematisch ist vor allem, dass nur monetäre Ströme gemessen werden, wodurch es zu zum Teil erheblichen **Verzerrungen** kommt (Hausfrauentätigkeiten, Unfälle usw.). Kritik

Eine **Inflation** liegt vor, wenn die Preise der Artikel eines vom Statistischen Bundesamt festgelegten **Warenkorbs**, der den durchschnittlichen Verbrauch bewerten soll, steigen. Hierin finden sich Güter des täglichen Bedarfs, aber auch Investitionsgüter wie Autos und Elektrogeräte sowie Dienstleistungen. Es handelt sich dabei also um eine Geldentwertung durch höhere Preise im Vergleich zu einem festgelegten Referenzwert. Die Europäische Zentralbank hat eine Inflation von **2 %** als **Zielgröße**. Höhere Raten führen schnell zu schleichender oder galoppierender Inflation, bis hin zu einer Hyperinflation. Das Geld **verliert** dann real massiv an **Kaufkraft** und die Bürger und Investoren verlieren das Vertrauen. Demgegenüber ist eine niedrigere Inflationsrate ebenfalls wirtschaftspolitisch nicht wünschenswert, da die Unternehmer und Konsumenten durch **deflatorische Tendenzen** angesichts der Erwartungen weiterer Preissenkungen Konsum- und Investitionsentscheidungen aufschieben. Problematisch an diesem Indikator ist die Zusammensetzung und Gewichtung des Warenkorbs, da gestiegene Lebensmittelpreise für Haushalte deutlich mehr ins Gewicht fallen als sinkende Preise für Automobile. Inflation Kritik

3. *Der Operator „Stellung nehmen" fordert von Ihnen, begründete Sach- und Werturteile zu formulieren. Es bietet sich an, zunächst das Sachurteil auszuführen, um darauf aufbauend dann die Werteebene zu betrachten. Die Aufgabe ist komplex. Sie müssen sowohl auf die genannten Aussagen als auch auf das Material M 2 eingehen. Hierbei bietet es sich an, die Werte aus der Tabelle anfangs kurz zusammenzufassen. Bei anderer Gewichtung der Argumente kann man auch zu einem abweichenden Urteil kommen.*

M 2 zeigt die zentralen konjunkturellen Daten für Griechenland in den Jahren 2012 bis 2016, in einer Zeit also, in der das Land dazu angehalten war, extrem zu sparen (Austeritätspolitik). Angegeben sind das BIP in relativen Werten, die Arbeitslosenquote, die Inflationsrate sowie die Höhe der Staatsverschuldung als absolute Werte. Alle Daten entstammen der Hellenic Statistical Authority und sind auf deren Homepage einsehbar.

Beschreibung der Werteebene

Bibliographie

Die Werte laufen nicht in eine Richtung: Das **BIP** schrumpfte gerade in den Jahren 2012 und 2013 drastisch um 6 %, erholte sich 2014 kurz und sank seit 2015 wieder stärker. Die **Arbeitslosigkeit** bewegte sich über die Periode auf einem sehr hohen Niveau, wobei eine Abnahme um ca. 3 % von 26,8 % (2012) auf 23,5 % (2016) zu verzeichnen war, was jedoch immer noch ein sehr hoher Wert ist. Die **Inflationsrate** sank ebenfalls und bei Werten von unter −1 % lässt sich bereits von deflatorischen Tendenzen sprechen. Zu guter Letzt zeigte die **Staatsverschuldung** in realen Werten eine sinkende Tendenz. Im angegebenen Zeitraum ist es dem griechischen Staat offensichtlich gelungen, die Schuldenlast um knappe 6 Mrd. Euro zu senken.

BIP

Arbeitslosenquote

Inflation

Staatsverschuldung

In Krisensituationen, wie sie offensichtlich in Griechenland über Jahre hinweg vorherrschte, befürwortet Paul Krugman die Umsetzung einer keynesianischen Politik des **deficit spendings**, was Paul R. Gregory in drastischen Worten ablehnt.

Bezug zur Aufgabenstellung

Deficit spending basiert auf der Annahme, dass der Staat die ausgefallene Konsumnachfrage in Phasen der Rezession durch staatlichen Konsum ersetzen soll. Dazu muss der Staat Geld ausgeben, das er unter Umständen gar nicht hat – er muss demnach Kredite aufnehmen.

Erklärung deficit spending

In Griechenland hätte dies also eine **steigende Staatsverschuldung** zur Folge, die abnehmende Tendenz der letzten Jahre (vgl. M 2) könnte nicht fortgesetzt werden. Problematisch hieran ist, dass durch die steigende Zinslast in Zukunft weniger Möglichkeiten für den griechischen Staat bestehen würden, Politik aktiv zu gestalten, da die Geldgeber einen erheblichen Einfluss auf die Innenpolitik erhalten würden. Dabei hängt die **Wirksamkeit** einer solchen Ausgabenpolitik vor allem von den konkreten wirtschaftspolitischen Maßnahmen ab. Der Staat sollte in jedem Fall vorrangig dort investieren, wo ein zukünftiger Mehrwert zu erwarten ist, also in der Bildung und der Infrastruktur. Dann können solche Investitionen durchaus positive Wirkung entfalten und **zukünftige** Einnahmen generieren. Dies deckt sich aber nicht unbedingt mit dem **kurzfristigen** Nutzenmaximierungsinteresse der Investoren. Zu bedenken sind hier ebenfalls **time lags**, die zunächst dazu führen könnten, dass sich die Krise verschärft. Ein **schneller** Erfolg ist eher

Sachurteilsebene

Folgen

Bedingungen

Beurteilung

unwahrscheinlich und die Rahmenbedingungen können sich wandeln, wodurch wiederum die Wirksamkeit eingeschränkt ist. Allerdings könnte durch die gesteigerte Staatsnachfrage das **Preisniveau** wieder **steigen**. Der Staat würde so der Deflation entkommen und das könnte positive Impulse wiederum auf den privaten Konsum und die unternehmerischen Investitionen haben. Die **Effizienz** einer solchen Politik hängt wie gesagt entscheidend von den konkret getroffenen Maßnahmen ab und ist schwer zu beurteilen. Um Stellung nehmen zu können, wird deshalb im Folgenden noch in Bezug auf die **Werteebene** argumentiert:

Man muss sehen, dass die in erster Linie von Deutschland vorgegebene **Austeritätspolitik** zu drastischen gesellschaftlichen Verschlechterungen geführt hat. Bei einer Arbeitslosigkeit von über 23 % ist ein großer Teil der Bevölkerung auf staatliche Leistungen angewiesen. In den letzten Jahren hat sich hier offenbar keine deutliche Verbesserung ergeben (vgl. M 2). Das Sozialbudget dürfte einen sehr gravierenden Anteil am griechischen Haushalt haben. Werturteilsebene

Auswirkungen auf Gesellschaft

Auf der anderen Seite hat sicher auch Gregory nicht Unrecht mit seinem Junkievergleich der deficit spending Politik. So hat sich in der Vergangenheit gezeigt, dass rational agierende Politiker eher Geld ausgeben als einsparen, wenn sie wiedergewählt werden wollen. Eine **nachhaltige** Politik ist da eher nicht zu erwarten. Demgegenüber hat sich in Griechenland aber auch gezeigt, dass sich stark vergrößerte Armut und damit zusammenhängend die **Unsicherheit** in weiten Teilen der Gesellschaft negativ auf den **gesellschaftlichen Zusammenhalt** ausgewirkt haben. Zudem ist, im Anschluss an Keynes Kaufkraftargument des Lohnes, zweifelhaft, woher der fehlende Konsum kommen soll, wenn sehr viele Menschen gerade Mal ihre Primärbedürfnisse befriedigen können. Ein demokratisches Gemeinwesen scheint nur ein gewisses Maß an Armut und Unsicherheit aushalten zu können. In Griechenland hat die rechtsextremistische Partei der Griechischen Morgenröte gravierend an Stimmanteilen und Zulauf hinzugewonnen. Bezug zum Vergleich

rechtsextreme Tendenzen

Insgesamt scheint die **Legitimität** deutlich für Krugmans Vorschlag zu sprechen, um die gravierendsten Auswirkungen abzufedern und den gesellschaftlichen und **demokratischen Zusammenhalt** in der Bevölkerung aufrechtzuerhalten. Aus diesem Grund ist Gregory hier nicht zuzustimmen. Eine Politik des deficit spending scheint durchaus angemessen. zusammenfassende Beurteilung

Checkliste

Aspekt	Ja	Teil-weise	Nein	Weiß nicht
TEILAUFGABE 1				
Habe ich die wesentlichen Informationen zum Text zusammengefasst? (Erscheinungsdatum, Autor etc.)	☐	☐	☐	☐
Habe ich die relevanten Aspekte aus dem Text herausgearbeitet?	☐	☐	☐	☐
Konnte ich die Aspekte mit eigenen Worten wiedergeben?	☐	☐	☐	☐
Habe ich die Strukturierung meiner Lösung deutlich gemacht?	☐	☐	☐	☐
TEILAUFGABE 2				
Bin ich auf zwei Indikatoren eingegangen?	☐	☐	☐	☐
Habe ich beide Indikatoren erklärt?	☐	☐	☐	☐
Habe ich zu beiden Indikatoren einen Kritikpunkt genannt?	☐	☐	☐	☐
Habe ich mich sachlich ausgedrückt und relevante Fachbegriffe richtig eingesetzt?	☐	☐	☐	☐
TEILAUFGABE 3				
Habe ich die wesentlichen Informationen zur Statistik zusammengefasst? (Erscheinungsdatum, Herausgeber etc.)	☐	☐	☐	☐
Habe ich die wichtigsten Aussagen der Statistik erkannt und in meine Lösung einfließen lassen?	☐	☐	☐	☐
Bin ich auf die Sach- und die Werteebene eingegangen?	☐	☐	☐	☐
Konnte ich mein gelerntes Wissen durch sinnvolle Verknüpfung mit den Aussagen der Statistik zur Geltung bringen?	☐	☐	☐	☐
Wird mein Urteil durch eine ausreichende Erörterung meiner Argumente gestützt?	☐	☐	☐	☐
Ist die Struktur meines Textes durch sprachliche Elemente für den Leser verständlich geworden? (z. B. Verwendung des Konjunktivs, strukturierende Begriffe wie „aber", „daher" ...)	☐	☐	☐	☐

Thema: *Konjunkturelle Entwicklung*
Dauer: *90 Minuten*

Aufgabenstellung

1. Beschreiben Sie die Entwicklung der Konjunktur anhand der Daten in M 1 bis M 3. Berücksichtigen Sie bei Ihrer Darstellung die unterschiedlichen Zeiträume.

2. Erläutern Sie die in M 2 dargestellte Entwicklung des BIP vor dem Hintergrund des Phänomens konjunktureller Schwankungen und ordnen Sie den Zeitraum von 2013 bis 2017 in einen typischen Konjunkturzyklus ein. Gehen Sie auch knapp auf mögliche Ursachen konjunktureller Schwankungen ein.

3. Die Wirtschaftsweisen warnen davor, dass die deutsche Wirtschaft heiß laufen könnte und negative Folgen für die Gesamtwirtschaft entstünden, wenn Aufträge nicht mehr bearbeitet werden könnten. Entwickeln Sie mögliche staatliche Maßnahmen zum Umgang mit dieser Gefahr unter Bezug auf die konjunkturelle Entwicklung im Jahr 2017 (M 2). Gehen Sie auch auf mögliche Schwierigkeiten bei der Umsetzung der von Ihnen vorgeschlagenen Maßnahmen ein.

M 1: Registrierte Arbeitslose (1 000)

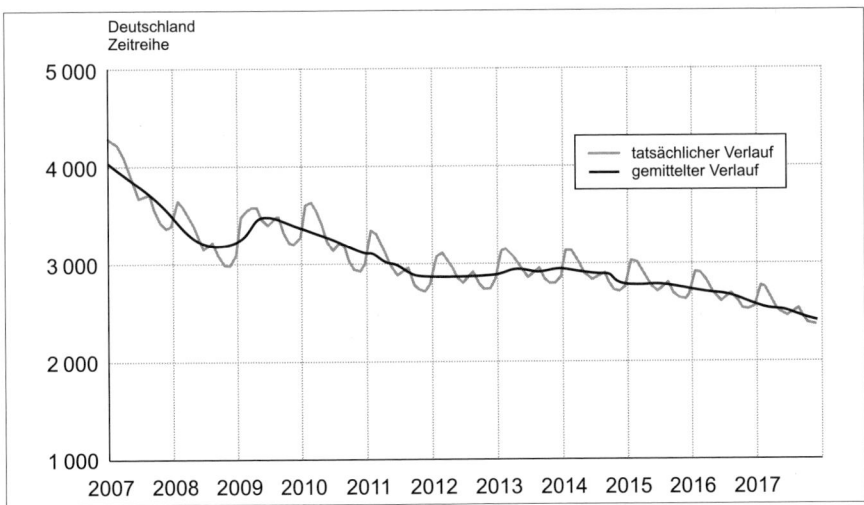

Statistisches Bundesamt Wiesbaden 2017, www.destatis.de

M 2: Bruttoinlandsprodukt, preisbereinigt (2010 = 100)

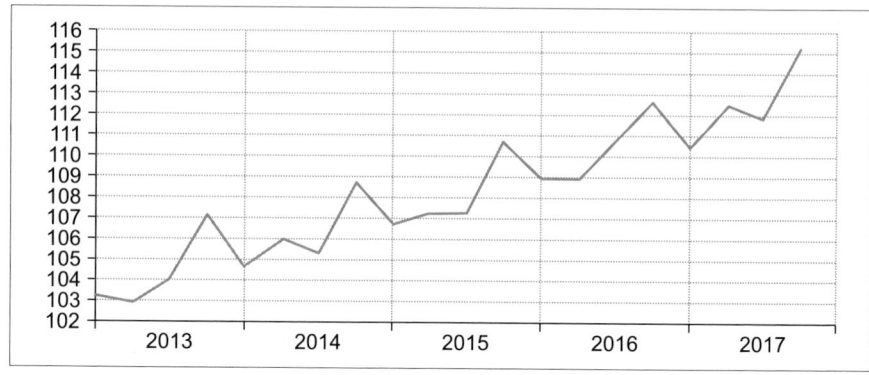

Statistisches Bundesamt Wiesbaden 2017, www.destatis.de

M 3: Konsumklima in Deutschland weiter im Aufwind

Das Stimmungshoch bei den deutschen Verbrauchern hält auch im Juni [2017] an. Sowohl die Konjunktur- als auch die Einkommenserwartung und die Anschaffungsneigung legen zu. Für den Monat Juli prognostiziert GfK eine Steigerung des Konsumklimas gegenüber dem Vormonat um 0,2 Zähler auf 10,6 Punkte.

5 Die Bundesbürger sehen die heimische Konjunktur auch zu Beginn des Sommers in exzellenter Verfassung. Dies belegt der deutliche Anstieg der Konjunkturerwartung im Juni auf ein Drei-Jahres-Hoch. Die Einkommenserwartung legt moderat zu und klettert sogar auf den höchsten Stand seit der Wiedervereinigung. Davon kann auch die Konsumneigung mit moderaten Zuwächsen profitieren. [...]

10 Nach Einschätzung der Konsumenten nimmt der deutsche Konjunkturmotor weiter Fahrt auf. Die Konjunkturaussichten steigen im Juni zum vierten Mal in Folge. Mit einem deutlichen Plus von 6,5 Zählern klettert der Indikator auf 41,3 Punkte. Dies ist der höchste Stand seit fast drei Jahren. Zuletzt wurde im Juli 2014 mit 45,9 Punkten ein besserer Wert gemessen. Die Verbraucher gehen davon aus, dass der

15 Aufschwung in Deutschland trotz weltwirtschaftlicher Risiken an Dynamik gewinnt. Ein schwacher Euro, niedrige Ölpreise sowie die expansive Geldpolitik der Europäischen Zentralbank sorgen dafür, dass der Konjunkturmotor immer besser in Schwung kommt. Auch die Verunsicherung durch mögliche Handelsbeschränkungen der US-Regierung sowie die beginnenden Brexit-Verhandlungen können dieses Bild

20 derzeit nicht trüben. [...]
Die Ergebnisse sind ein Auszug aus der Studie „GfK-Konsumklima MAXX" und basieren auf monatlich rund 2.000 Verbraucherinterviews, die im Auftrag der EU-Kommission durchgeführt werden.

http://www.gfk.com/fileadmin/user_upload/dyna_content/Global/documents/Press_Releases/2017/20 170629_PM_Konsumklima_Deutschland_dfinal.pdf, 29. 6. 2017

Gewichtung der Teilaufgaben: 30 % : 30 % : 40 %

Lösungsvorschläge

1. *Bei dieser Aufgabe müssen Sie methodenorientiert die Materialien auswerten. Bei der Beschreibung der Kurvendiagramme*
   - *nennen Sie wie bei der Analyse von Texten zunächst die Quellenangaben,*
   - *beschreiben Sie anschließend sehr genau die (z. B. in der Legende) verwendeten Kategorien und Begriffe, die Achsenbezeichnungen und Zahlenwerte, da Sie sonst schnell falsche Schlüsse ziehen,*
   - *arbeiten Sie die konkreten inhaltlichen Aussagen heraus und interpretieren diese. Dabei sollten Sie den Kurvenverlauf nachvollziehbar beschreiben.*
   Die Auswertung von M 3 folgt den üblichen Regeln der Textzusammenfassung.

Bei M 1 und M 2 handelt es sich um **Kurvendiagramme**, die das Statistische Bundesamt in Wiesbaden im Jahr 2017 auf seiner Website veröffentlichte. **M 1** stellt dabei die Entwicklung der Zahl registrierter Arbeitsloser seit dem Jahr 2007 dar.

bibliographische Angaben

Kurzbeschreibung M 1

Die Angabe 1 000 in der Überschrift lässt zum einen erkennen, dass hier **absolute Zahlen** abgetragen sind, zum anderen, dass die Zahlen der y-Achse um den Faktor 1 000 erhöht sind. Auf der x-Achse ist der Zeitverlauf von 2007 bis Ende 2017 dargestellt. Angegeben sind zwei Kurven, hell der real gemessene Verlauf und dunkel der gemittelte Verlauf. Die **dunkle Kurve** zeigt, dass die Anzahl der **registrierten Arbeitslosen** in den letzten 10 Jahren um ca. 1,5 Millionen zurückgegangen ist. Lag die Zahl 2007 noch bei knapp 4 Millionen, fiel sie bis zum 3. Quartal 2017 auf ca. 2,5 Millionen. Diese positive Entwicklung wurde nur im Jahr 2009 durch einen abrupten Anstieg zwischen Jahresbeginn und 3. Quartal um ca. 300 000 Arbeitslose unterbrochen. Mitte des Jahres 2010 war dann allerdings wieder der Stand von Beginn 2009 erreicht und in der Folge sank die Arbeitslosigkeit stetig. Im 2. Quartal 2011 betrug die Zahl erstmals in dem Betrachtungszeitraum unter 3 Millionen, stieg dann 2013 noch einmal leicht an, ohne allerdings wieder über 3 Millionen Arbeitslose zu kommen, um dann bis zum 3. Quartal 2017 kontinuierlich zu sinken. Die **hellere Linie** beschreibt den tatsächlichen Verlauf der Entwicklung. Auffällig ist, dass es jeweils im ersten Quartal zu einem sprunghaften Anstieg der Arbeitslosigkeit kam, die im zweiten Quartal wieder deutlich sank, um nach einer nicht mehr so deutlichen Steigung im 3. Quartal im vierten wieder zu sinken. Dabei zeigen auch hier die Ausschläge der einzelnen Jahre eine sehr ähnliche Struktur, der Ausgangspunkt war aber jeweils ein niedrigerer. Insgesamt zeigt sich eine sehr stabile positive Entwicklung des Arbeitsmarktes über die 10 Jahre hinweg.

Überschrift, Achsenbezeichnung

Beschreibung des Kurvenverlaufs

Zusammenfassung

M 2 stellt die Entwicklung des **Bruttoinlandsprodukts** (BIP) der Jahre 2013 bis 2017 dar. Dieser Indikator gibt Auskunft über den Wert der Waren und Dienstleistungen, die innerhalb eines Jahres in einem Land hergestellt wurden. Die Daten, die auf der y-Achse in Prozent abgetragen sind, sind Vergleichswerte; Referenzwert hierbei ist das Jahr 2010. Das Adjektiv „preisbereinigt" zeigt an, dass es sich um reale Werte handelt, bei denen die Teuerungsrate bereits abgezogen ist. Bei der x-Achse handelt es sich um eine Zeitachse. Insgesamt ist zu erkennen, dass das BIP in der Zeit **deutlich wuchs.** Lag es zu Beginn des Jahres 2013 noch knapp über dem Referenzwert des Jahres 2010, stieg es bis zum 3. Quartal 2017 auf 115 % im Vergleich zum Referenzwert. Zu erkennen sind darüber hinaus **regelmäßige Schwankungen** innerhalb eines Jahres zwischen den Quartalen. Dabei gingen Rückgänge aber immer von höheren Ausgangswerten aus und unterschritten diese nie. Insgesamt lässt sich von einem **stabilen Wachstum** sprechen.

In der Pressemitteilung des Marktforschungsinstituts GfK unter dem Titel „Konsumklima in Deutschland weiter im Aufwind" vom 29. 6. 2017 stellen die Autoren die aus ihrer Sicht sehr **positive Entwicklung** des „GfK-Konsumklimaindex MAXX" heraus, den das Unternehmen im Auftrag der EU auf der Basis von 2 000 Verbraucherinterviews erstellt habe (Z. 21 ff.). Die Konjunkturaussichten seien zum vierten Mal in Folge gestiegen und hätten mit nun 41,3 Punkten den höchsten Stand seit Juli 2014 erreicht (Z. 10 ff.). Die Bundesbürger würden die deutsche Konjunkturentwicklung sehr positiv beurteilen (Z. 5 f.). Zudem würden sie eine moderate Einkommenssteigerung erwarten, wovon auch die Konsumneigung profitiere (Z. 7 ff.). Selbst negative weltpolitische Rahmenbedingungen würden diese Einschätzung nicht schmälern (Z. 18 ff.) und auch die gestiegenen weltpolitischen Risiken hätten keine Verunsicherung zur Folge (Z. 15).

2. „Erläutern" fordert hier von Ihnen, die Aussagen aus M 2 mit konjunkturtheoretischen Sachverhalten zu kontextualisieren und anhand von Beispielen darzulegen. Wichtig sind dabei eine klare Strukturierung sowie der Rückgriff auf relevante Fachbegriffe und -konzepte. Es bietet sich an, zunächst noch einmal kurz auf den Verlauf der Konjunkturkurve in M 2 einzugehen. Bei der konjunkturtheoretischen Einordnung können auch andere als die in diesem Lösungsvorschlag gewählten Schwerpunkte gesetzt werden.

Unter „Konjunktur" wird die Gesamtsituation einer Volkswirtschaft verstanden. Hierbei geht es um **regelmäßige Schwan-**

Beschreibung M 2

Achsenbezeichnungen

Überschrift

Beschreibung des Kurvenverlaufs

Zusammenfassung

M 3, bibliografische Angaben

Indikatorentwicklung

Einschätzung

Dynamik trotz Krisen

Definition

kungen in Bezug auf die Auslastung des Produktionspotenzials, der Produktion, der Beschäftigung, der Preise etc.

In M 2 wird die Entwicklung des BIP, des wichtigsten **Konjunkturindikators**, seit 2013 grafisch dargestellt. Wie bereits in Aufgabe 1 dargelegt, zeigt M 2 eine grundsätzlich sehr positive Entwicklung des Bruttoinlandsproduktes seit 2013. Allerdings schwanken die Werte innerhalb eines Jahres erheblich.

Bezugnahme zu M 2

Ein **typischer Konjunkturverlauf** ist in **vier Phasen** untergliedert, die zusammen den sogenannten **Konjunkturzyklus** bilden. Mit Blick auf M 2 lässt sich ein Wachstumspfad erkennen. Der Graph lässt vermuten, dass Deutschland sich gerade tendenziell in einer Phase des **Aufschwungs** (Expansion) befindet, allerdings kann nicht genau gesagt werden, wie lange dieser noch anhalten wird. Es könnte auch sein, dass das Land sich bereits in der **Hochkonjunkturphase** (Boom) befindet, auf die ein Abschwung (Rezession) mit **Tiefstand** (Depression) folgt. Erst im Anschluss kann es wieder zu einer Expansion kommen.

konjunktur-theoretische Einordnung

Konjunkturentwicklungen lassen sich in unterschiedlicher zeitlicher Perspektive darstellen. In einer sehr langfristigen Perspektive lassen sich sogenannte Kondratjew-Zyklen identifizieren. Das sind lange Konjunkturwellen von 50 bis 60 Jahren, die jeweils einer technischen Innovation folgen, wie zuletzt der Informations- und Kommunikationstechnologie. Kurz- und mittelfristig sind Änderungen im privaten Konsum, in der Investitionstätigkeit der Unternehmen, bei den öffentlichen Ausgaben sowie bezüglich des Außenbeitrags entscheidend. Je nach theoretischem Ansatz werden diese Ursachen unterschiedlich gewichtet.

Ursachen konjltureller Schwankungen

Grundsätzlich können gestiegene Exporte oder ein gesteigerter inländischer Konsum z. B. für eine positive konjunkturelle Entwicklung sorgen.

3. *Der Operator „entwickeln" verlangt hier von Ihnen, ein zukunftsorientiertes Lösungskonzept zu skizzieren. Es macht Sinn, sich für ein konjunkturpolitisches Konzept (angebots- oder nachfrageorientierter Ansatz) zu entscheiden, die entwickelten Maßnahmen darin zu verorten und an diesen exemplarisch positive und negative Konsequenzen zu zeigen.*

Stabilitäts- und Konjunkturpolitik hat grundsätzlich die Aufgabe, eine potenziell das gesamtwirtschaftliche Gleichgewicht störende Entwicklung auszugleichen. Mit Blick auf den Kurvenverlauf in M 2 lässt sich nicht sicher sagen, inwiefern Deutschland sich noch in einem Aufschwung oder bereits in der Hochkonjunkturphase vor einer Rezession befindet. Inwiefern

Vorbemerkungen

Bezug auf M 2

ein wirtschaftspolitischer Eingriff überhaupt erforderlich ist, hängt also zunächst von der erachteten **Notwendigkeit** zum Eingreifen ab, d. h. davon, ob ein Ungleichgewicht in der Wirtschaft unterstellt wird. Ende 2017 scheint mindestens eine Stabilisierung als Abbremsung der Konjunktur angebracht zu sein – wenigstens sieht der Sachverständigenrat diese Notwendigkeit. Vor dem Hintergrund typischer konjunktureller Schwankungen ist eine Rezession zu erwarten.

Um das Ziel eines gesamtwirtschaftlichen Gleichgewichts zu erreichen, kann die Politik zu unterschiedlichen Mitteln greifen. Wichtig ist dabei, dass sie **situationsadäquat** und **marktkonform** reagiert. Zu unterscheiden ist grundsätzlich zwischen einer (monetaristischen) **angebots-** und einer (keynesianischen) **nachfrageorientierten Wirtschaftspolitik.** Erstere zielt auf die Verbesserung der Investitionsbedingungen z. B. durch Steuersenkungen oder die Deregulierung staatlicher Vorschriften. Letztere setzt auf der Seite der Konsumenten an und versucht durch **aktive staatliche Eingriffe** die Nachfrage auszugleichen. Das Vorgehen des Staates soll nach diesem Ansatz **antizyklisch** sein – in einer Krise soll durch Einnahmensenkungen (z. B. Steuersenkungen) und Ausgabenerhöhungen (z. B. staatliche Investitionen) die Nachfrage erhöht werden. In Zeiten des Booms erfolgt ein gegensätzliches Vorgehen.

Zwischen diesen beiden Handlungsmöglichkeiten besteht durchaus ein Konflikt, wie im Rahmen der Eurokrise zu beobachten war. Während die deutsche Bundesregierung mit ihrer Austeritätspolitik eher einen angebotspolitischen Ansatz verfolgte, forderte u. a. der französische Präsident im Sinne einer Nachfrageorientierung aktiv mehr für das Wachstum zu tun, d. h. Geld zu investieren, um Nachfrage zu schaffen.

Hier soll ein **fiskalpolitischer**, also nachfrageorientierter keynesianischer **Ansatz** verfolgt werden. Um einer Überhitzung der Konjunktur vorzubeugen, kann der Staat beispielsweise eigene Investitionsprojekte verlangsamen oder zurückstellen, d. h. Ausgaben anpassen. Bei einem solchen Vorgehen ist allerdings immer zu beachten, dass die zeitliche Verortung extrem schwierig ist und die **antizyklische Wirkung** leicht **verfehlt** werden kann. Außerdem sind manche Investitionen von sehr langer Hand geplant und sollten nicht aufgeschoben werden (z. B. Behebung maroder Infrastruktur).

Grundsätzlich sollte der Staat in dieser Phase aber angesichts des positiven Wirtschaftsklimas auf jeden Fall entsprechende **Rücklagen bilden**, um dann in Zeiten der Rezession die eigene Investitionstätigkeit noch deutlich steigern zu können. In der Vergangenheit hat sich allerdings gezeigt, dass solche Reserven

Rahmenbedingungen

Grundkonzepte: Monetarismus, Keynesianismus

Relevanz durch Beispiel

Fokussierung auf Keynes

Schwierigkeiten

Surplus saving angeregt

Schwierigkeiten

in den wenigsten Fällen gebildet wurden. So beträgt die **Staats-verschuldung** Deutschlands trotz der positiven Konjunktur aktuell mehr als 2 Billionen Euro.

Im Sinne von **Keynes** ist dieses wirtschaftspolitische Verhalten zu kritisieren, da mehrere negative Folgen im Falle einer Rezession zu erwarten sind. Zwar steigt die Staatsverschuldung aktuell nicht, befindet sich aber auf einem hohen Stand. Der Staat muss bereits eine hohe Zinslast tragen und büßt damit Gestaltungsmöglichkeiten ein. Diese Zinsen könnten im Falle der Rezession noch deutlich steigen, wenn Investoren das Risiko eines Zahlungsausfalls höher bewerten.

Bei allen Maßnahmen ergeben sich Schwierigkeiten im Hinblick auf die Identifizierung des konkreten Handlungsbedarfs und des angemessenen Handlungsumfangs. Die Feststellung, in welcher Konjunkturphase man sich gerade befindet, ist schwierig und bei allen Maßnahmen sind **time lags**, d. h. Wirkungsverzögerungen zwischen dem Beschluss einer Maßnahme, der Durchführung (Straßen müssen geplant, genehmigt, ausgeschrieben und gebaut werden) und weiteren Effekten, zu beachten. Letztlich bleibt die konkrete Konjunkturpolitik abhängig vom politischen Programm und von den spezifischen Interessen der politischen Akteure. Dennoch erscheint es aktuell sinnvoll, im Sinne einer Rücklagenbildung zu sparen, d. h., die nachfrageorientierte antizyklische Vorgehensweise zu verfolgen.

Kritik an aktueller Politik

Problem der Staatsschulden

Fazit

Checkliste

Aspekt	Ja	Teil-weise	Nein	Weiß nicht
TEILAUFGABE 1				
Habe ich die wesentlichen Informationen zu den Schaubildern und dem Text zusammengefasst?	☐	☐	☐	☐
Habe ich die relevanten Aspekte aus den Materialien herausgearbeitet?	☐	☐	☐	☐
Folgt meine Darstellung einem nachvollziehbaren Aufbau?	☐	☐	☐	☐
Habe ich relevante Fachbegriffe richtig verwendet?	☐	☐	☐	☐
TEILAUFGABE 2				
Habe ich die Angaben in M 2 hinsichtlich der Aufgabenstellung treffend zusammengefasst?	☐	☐	☐	☐
Habe ich das Phänomen konjunktureller Schwankungen und deren Ursachen zutreffend dargestellt?	☐	☐	☐	☐
Konnte ich die Aussagen des Materials mit den theoretischen Hintergründen (Konjunkturzyklus) sinnvoll verknüpfen?	☐	☐	☐	☐
Konnte ich mein gelerntes Wissen durch sinnvolle Verknüpfung mit der Aufgabenstellung zur Geltung bringen?	☐	☐	☐	☐
Habe ich mich sachlich ausgedrückt und relevante Fachbegriffe richtig eingesetzt?	☐	☐	☐	☐
Folgt meine Analyse einem nachvollziehbaren Aufbau?	☐	☐	☐	☐
TEILAUFGABE 3				
Habe ich auf die Situation im Jahr 2017 Bezug genommen?	☐	☐	☐	☐
Habe ich konkrete Beispiele bzw. Themen angeführt?	☐	☐	☐	☐
Habe ich die Maßnahmen aus verschiedenen Blickwinkeln kontrovers beleuchtet?	☐	☐	☐	☐
Habe ich das Ergebnis meiner Überlegungen knapp zusammengefasst?	☐	☐	☐	☐
Ist die Struktur meines Textes durch sprachliche Elemente für den Leser verständlich geworden? (z. B. Verwendung des Konjunktivs, strukturierende Begriffe wie „aber", „daher" ...)	☐	☐	☐	☐
Folgt meine Lösung dem Aufbau „Einleitung – Argumentation – Fazit"?	☐	☐	☐	☐